JETZT IM MAGAZIN

SO VIELE GUTE IDEEN!

Wusstet ihr, dass ihr mit dem Monsieur Cuisine auch Orangen auspressen und Kartoffeln schälen könnt? Dieser Ausgabe haben wir euch den brandneuen Produkt-Katalog mit allen genialen Zubehören beigelegt, die noch mehr aus unserem smarten Zaubertopf herausholen!

REZEPTE FÜR CONNECT UND PLUS

Unsere Rezepte sind speziell für die Modelle Monsieur Cuisine Connect, Trend sowie Édition Plus entwickelt und getestet.

*Liebe Leser*innen,*

ich gebe zu, ich konnte mich schon im März nicht länger gedulden und habe an den ersten warmen Tagen direkt die Gartenmöbel aus dem Winterlager geholt. Seitdem verbringe ich wieder jede freie Minute auf der Terrasse. Auch bei der Gartenarbeit gibt es doch nichts Schöneres als eine Kaffeepause mit einem Stück Erdbeerkuchen im Freien (neue Ideen findet ihr ab Seite 24).

Ich stelle dann immer wieder fest: Im Sommer und vor allem auch draußen essen wir anders. Oft sind es eher einfache Gerichte wie frisches Brot und ein paar Dips, ein bunter Salat oder auch eine simple Suppe. Für die lässigen Tage findet ihr in dieser Ausgabe reichlich Anregungen. Viele davon könnt ihr übrigens auch direkt vom Monsieur in ein To-go-Gefäß umfüllen und mitnehmen – zum Picknick oder auch zur Grillparty!

Auf die Grillsaison freuen wir uns ganz besonders. Begeistert eure Freunde mit Grillgemüse, Falafel-Spießen, Tex-Mex-Buletten und cremigem „India"-Dip, griechischem Spaghettisalat, Kräuterbutter-Baguette und noch vielem mehr!

Habt einen herrlichen Auftakt in die wunderbare Sommerzeit und wie immer viel Spaß beim Mixen und Genießen!

Herzlichst eure Vivien Koitka, Chefredakteurin

REZEPTE MIT DIESEM SYMBOL FINDET IHR AB SOFORT AUCH ALS **GUIDED COOKING REZEPTE** AUF EUREM MONSIEUR CUISINE CONNECT!

Fotos: Anna Gieseler (1), Archiv (3) | Illustrationen: iStock / Getty Images Plus / Tatyana Antusenok (1) | Titelfotos: www.stockfood.com / Immediate Media / Good Food (1), Anna Gieseler (1)

INHALT

SPEZIAL

UNSERE THEMEN

SERVICE

STANDARDS

★ Titelthemen

Fotos: Désirée Peikert (1); Anna Gieseler (3); Tina Bumann (1); iStock / Getty Images Plus / AnnaBreit (1); Archiv (1) | Illustrationen: Archiv (1)

monsieur cuisine by ZauberTopf

REZEPTE DIESER AUSGABE

HERZHAFTES

REZEPTE MIT DIESEM SYMBOL FINDET IHR AB SOFORT AUCH ALS **GUIDED COOKING** REZEPTE AUF EUREM MONSIEUR CUISINE CONNECT!

S. 86 – 1-Kilo-Tomaten-Suppe aus Ofentomaten

S. 87 – Karottensuppe mit Knuspertopping

S. 88 – Blumenkohlcremesuppe mit Brotsticks

S. 91 – Quesadillas mit Hackfleisch und Käse

S. 92 – Bohnensalat mit Radicchio

S. 93 – Schnelle Tomatensuppe mit Feta

S. 94 – Gnocchisalat mit Pesto-Rosso-Dressing

S. 108 – Cheeseburger-Auflauf

S. 110 – Schlangen-Sandwiches

S. 111 – Nudelsalat mit Mayo ohne Ei

SÜSSES

S. 25 – Schneller Erdbeerkuchen vom Blech

S. 28 – Erdbeer-Quarktaschen

S. 28 – TITELREZEPT – Erdbeer-Frischkäse-Torte ohne Backen

S. 28 – Cheesecakes im Glas mit Erdbeersoße

S. 31 – Windbeuteltorte mit Erdbeeren

S. 31 – Die beste Erdbeerkonfitüre

S. 31 – Erdbeer-Nicecream

S. 38 – Sahnejoghurt mit gedämpften Trauben

S. 40 – Erdnussbutter-Cookies ohne Ei

S. 41 – Blaubeermuffins

S. 49 – Schwedische Zimtknoten

S. 50 – Briochebrötchen mit Sauerteig

S. 51 – Himbeer-Babka mit Sauerteig

S. 94 – Süße Schupfnudeln mit Fruchtsoße

S. 100 – Regenbogen-Eis

S. 102 – Schoko-Popcorn

S. 102 – Einhornkuchen

S. 104 – „Benjamin Blümchen"-Torte

S. 106 – Kalter Hund am Spieß

S. 108 – Wassermelonen-Pizza mit Vanillecreme

S. 112 – Cola-Sirup

BASISREZEPTE

S. 20 – Die beste Schaschliksoße

S. 52 – Sauerteigansatz „klassisch"

S. 53 – Süßer Sauerteig

S. 66 – Grünes Ajvar

S. 66 – Paniermehl

S. 66 – Panko

S. 82 – Spargel dampfgaren

S. 83 – Leichte Sauce hollandaise

NEUE TRENDS ZUR Grillsaison

Dieses Jahr sorgt ihr für Furore auf dem Grillbüfett! Die beliebtesten Grilldips mixt ihr einfach selbst. Serviert euren Gästen außerdem knuspriges Kräuterbaguette, trendy Falafel-Spieße, griechischen Spaghettisalat, Tex-Mex-Buletten und vieles mehr

Rezepte: Isabel Prinz & Anna-Marie Hilbert | Fotos & Styling: Anna Gieseler

Mediterranes Grillbrot
Rezept auf Seite 18

Gegrilltes Rinderfilet mit Kräuterpesto

00 20 std : min

LOW CARB LOW FAT

PRO PORTION: 493 KCAL | 37 G E | 38 G F | 3 G KH

ZZGL. 4 STD. RUHEZEIT

ZUTATEN FÜR 6 PERSONEN

- **50 g Parmesan, in Stücken**
- **50 g Pinienkerne**
- **2 Knoblauchzehen**
- **40 g Basilikumblättchen**
- **40 g Petersilienblättchen**
- **1 EL getrockneter Thymian**
- **Saft und Abrieb von 1 unbehandelten Zitrone**
- **150 g natives Olivenöl extra**
- **1 TL Salz**
- **1 TL frisch gemahlener schwarzer Pfeffer**
- **6 Rinderfilets (à ca. 150 g)**

1 | Für das Pesto Parmesan in den geben und **10 Sek. | Stufe 10** fein zerkleinern. Pinienkerne, Knoblauch und Kräuter zufügen, **7 Sek. | Stufe 8** zerkleinern. Mit dem nach unten schieben. Übrige Zutaten, bis auf das Fleisch, in den geben und **8 Sek. | Stufe 8** mixen.

2 | Die Rinderfilets mit dem Pesto bestreichen und 3–4 Std. im Kühlschrank ziehen lassen. Dann das überschüssige Pesto abstreifen.

3 | Inzwischen den Grill vorheizen. Die Rinderfilets bei direkter Hitze von jeder Seite ca. 1 Min. grillen. Anschließend bei indirekter Hitze weitergaren und zum gewünschten Gargrad grillen. Vor dem Servieren 5 Min. ruhen lassen.

>**INFO** Für den perfekten Gargrad könnt ihr ein Fleischthermometer verwenden, so habt ihr die Kerntemperatur der Filets stets im Blick. Medium rare benötigt eine Kerntemperatur von 52–55 °C, medium erhaltet ihr bei einer Temperatur um die 55–59 °C. Bei Temperaturen darüber sind die Filets durchgebraten.

>**KRÄUTERPESTO** Statt für die Rinderfilets könnt ihr es auch zum Marinieren von Hähnchen, Pute und Schweinefleisch verwenden!

Quarkdip „India“

00 05 std : min

LOW CARB LOW FAT

PRO PORTION (30 G): 36 KCAL | 3 G E | 0 G F | 5 G KH

ZUTATEN FÜR 1 GLAS À 600 ML

- 120 g Soft-Datteln, entsteint
- 1 Knoblauchzehe
- 500 g Magerquark
- 2 TL Currypulver
- Saft und Abrieb von 1 unbehandelten Limette
- ½ TL Salz

Datteln mit Knoblauch im 10 Sek. | Stufe 9 zerkleinern und mit dem nach unten schieben. Die übrigen Zutaten zufügen und alles **30 Sek.** | **Stufe 4** vermengen. Den Dip in eine Schüssel umfüllen und servieren.

>**TIPP** Mit dem Monsieur Cuisine gelingt euch der Dip herrlich cremig. Der beliebte Frischkäse-Klassiker kommt hier in einer leichteren Variante mit Magerquark daher. Wenn ihr es etwas sahniger möchtet, könnt ihr die Hälfte des Magerquarks auch durch Frischkäse ersetzen.

Tomate-Mozzarella-Dip

00 05 std : min

LOW CARB LOW FAT

PRO PORTION (30 G): 83 KCAL | 4 G E | 7 G F | 1 G KH

ZUTATEN FÜR 1 GLAS À 350 ML

- 50 g getrocknete Tomaten in Öl (Glas), abgetropft, zzgl. 2 EL vom Öl
- 2 Knoblauchzehen
- 200 g Frischkäse
- 125 g Mozzarella, in Stücken
- ½ TL Chiliflocken
- ½ TL rosenscharfes Paprikapulver
- 1 TL getrocknetes Basilikum
- ½ TL Salz
- 2 Prisen frisch gemahlener schwarzer Pfeffer

1 Tomaten mit Knoblauch im **10 Sek.** | **Stufe 9** zerkleinern. Mit dem nach unten schieben.

2 Die übrigen Zutaten zufügen und **30 Sek.** | **Stufe 5** vermengen. In eine Schüssel umfüllen und servieren.

Maiskolben mit Kräuter-Knoblauch-Butter

00 | 20 std : min

LOW CARB · LOW FAT

PRO PORTION: 324 KCAL | 6 G E | 11 G F | 52 G KH

ZUTATEN FÜR 4 PERSONEN

- ★ **4 Maiskolben, vorgegart**
- ★ **50 g Kräuter-Knoblauch-Butter (siehe Seite 17)**

1 | Die Maiskolben bei mittlerer Hitze auf den Grill geben. Unter gelegentlichem Wenden etwa 15 Min. grillen, bis alle Seiten gleichmäßig gebräunt sind.

2 | Die Maiskolben anschließend mit jeweils etwa 1 EL Kräuter-Knoblauch-Butter bestreichen und servieren.

>MAISKOLBEN VORGAREN Anstelle von vorgegarten, vakuumierten Maiskolben aus dem Supermarkt könnt ihr frische Kolben kaufen und diese im Dampfgaraufsatz vorgaren. Gebt dafür 1000 g Wasser mit 1 Prise Zucker in den [Mixtopf-Symbol]. Den Dampfgaraufsatz aufsetzten und die frischen Maiskolben darin verteilen. Den Deckel verschließen und die Maiskolben je nach Größe **30–40 Min.** | [Dampfgar-Symbol] garen.

Falafel-Spieße

00 20 std : min

LOW CARB LOW FAT

PRO STÜCK: 126 KCAL | 4 G E | 4 G F | 19 G KH

ZUTATEN FÜR 10 SPIESSE

- 1 Zwiebel, halbiert
- 3 Knoblauchzehen
- ½ rote Chilischote, in Stücken
- 30 g Petersilienblättchen
- 20 g Korianderblättchen
- 300 g Kichererbsen (Dose), abgetropft
- 110 g Paniermehl
- 1 TL Backpulver
- Abrieb und Saft von 1 unbehandelten Zitrone
- ½ TL gemahlener Kreuzkümmel
- 1 TL Salz
- 1 TL frisch gemahlener schwarzer Pfeffer
- Öl zum Bestreichen

AUSSERDEM

- 10 Holzspieße

1 Zwiebel, Knoblauch, Chili und Kräuter in den geben und **6 Sek.** | **Stufe 8** zerkleinern. Mit dem nach unten schieben.

2 Die übrigen Zutaten zufügen und **40 Sek.** | **Stufe 6** zu einer homogenen Masse verarbeiten. Aus der Masse mit feuchten Händen 10 Portionen entnehmen und wie Cevapcici um die Grillspieße drücken. Die Falafel-Spieße mit etwas Öl bepinseln und rundherum 4–5 Min. grillen.

>VEGGIE-IDEE Falafeln vom Grill – was für eine tolle Idee! Die üblicherweise als Bällchen im Dönerbrot servierten Aromabomben grillen wir kurzerhand am Spieß. Da Falafeln grundsätzlich vegetarisch sind, habt ihr damit eine geniale Alternative zum fast schon etwas langweiligen Grillkäse, der standardmäßig für Vegetarier auf den Rost gelegt wird. Auch Gäste, die üblicherweise nicht auf Fleisch vom Grill verzichten mögen, werden bei den würzigen Falafeln kaum widerstehen können!

JOGHURT-CURRY-MARINADE

Grillhähnchen mit Joghurt-Curry-Marinade

00 25
std : min

LOW CARB LOW FAT

PRO PORTION: 272 KCAL | 38 G E | 11 G F | 5 G KH

ZZGL. 4 STD. RUHEZEIT

ZUTATEN FÜR 4 PERSONEN

* Blättchen von 2 Stielen Petersilie
* 2 Knoblauchzehen
* 1 cm Ingwer
* 200 g Sahnejoghurt
* 20 g natives Olivenöl extra
* 1 EL Currypulver
* ½ TL Salz
* 1 TL frisch gemahlener schwarzer Pfeffer
* 1 TL edelsüßes Paprikapulver
* 600 g Hähnchenbrustfilet, in Streifen

1 Petersilie, Knoblauch sowie Ingwer in den Mixtopf geben, **6 Sek.** | **Stufe 8** zerkleinern, mit dem Spatel nach unten schieben. Die übrigen Zutaten, bis auf das Hähnchen, zufügen und **20 Sek.** | **Stufe 4** verrühren.

2 Die Hähnchenstreifen mit der Marinade bepinseln und 3–4 Std. im Kühlschrank ziehen lassen. Anschließend die überschüssige Marinade abstreifen.

3 Inzwischen den Grill vorheizen. Die Hähnchenstreifen bei indirekter Hitze unter mehrmaligem Wenden 10–15 Min. grillen. Dabei zwischendurch mit der überschüssigen Marinade bepinseln.

>INFO Hähnchen, so wie jedes Geflügel, sollte stets vollständig durchgegart werden – das ist der Fall bei einer Kerntemperatur zwischen 75–80 °C.

>ALTERNATIVE Die frisch-cremige Marinade könnt ihr auch unabhängig von den Hähnchenbrustfilets zubereiten und damit Fisch, Pute oder Schwein herrlich würzen. Geht dabei genau so vor wie bei den Hähnchenstreifen.

DIESES REZEPT IST AB SOFORT ALS **GUIDED COOKING REZEPT** VERFÜGBAR!

Tex-Mex-Buletten

00 25 std : min

LOW CARB LOW FAT

PRO STÜCK: 108 KCAL | 11 G E | 5 G F | 5 G KH

ZZGL. 45 MIN. RUHEZEIT

ZUTATEN FÜR 12 STÜCK

- **600 g Rindfleisch, in Stücken**
- **50 g Tortillachips**
- **1 Zwiebel, halbiert**
- **1 Knoblauchzehe**
- **150 g Kidneybohnen (Dose), abgetropft**
- **50 g Mais (Dose), abgetropft**
- **20 g Tomatenmark**
- **1½ TL Salz**
- **3 Prisen frisch gemahlener schwarzer Pfeffer**
- **1 TL Chiliflocken**
- **½ TL gemahlener Kreuzkümmel**
- **Öl zum Bestreichen**

AUSSERDEM

- **Gefrierbeutel oder wiederverwendbare Silikonbeutel**

1 | Das Rindfleisch flach in einen Gefrierbeutel geben und etwa 45 Min. in den Gefrierschrank legen.

2 | Die Tortillachips in den geben, **8 Sek. | Stufe 5** zerkleinern und umfüllen. Zwiebel mit Knoblauch in den geben, **5 Sek. | Stufe 8** zerkleinern und mit dem nach unten schieben.

3 | Das angefrorene Fleisch in den geben und **12 Sek. | Stufe 8** zerkleinern, Vorgang ggf. wiederholen. Tortillachips mit den übrigen Zutaten zugeben und **1 Min. 30 Sek.** | verkneten.

4 | Aus der Masse 12 Buletten formen. Mit etwas Öl einpinseln und auf den Grill legen. Von beiden Seiten 10 Min. grillen, dann servieren.

>**TIPP** Die Frikadellen könnt ihr pur vom Grill servieren oder als geniale Pattys für Burger anbieten!

Der Trendsalat

EASY

Bulgursalat „Ottolenghi-Style“

Rezept auf Seite 18

GRATIS E-BOOK

Unsere 10 Lieblingssalate für das Grillbüfett findet ihr in unserem E-Book. Ihr könnt es euch kostenlos herunterladen unter www.zaubertopf.de/zauberhaftes

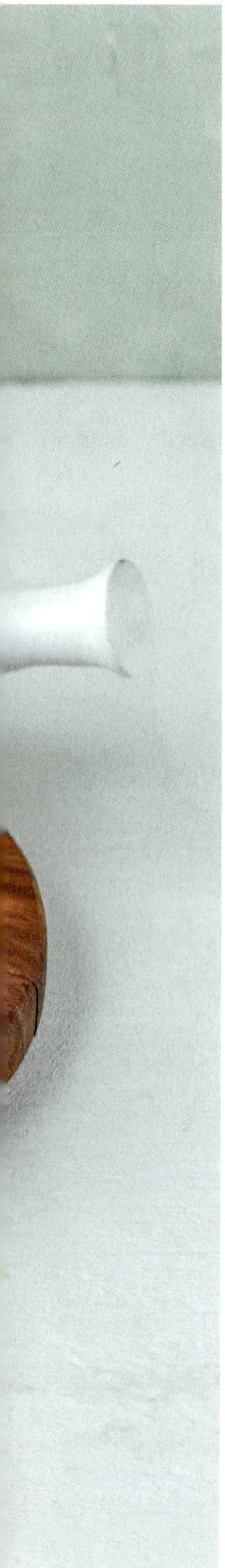

Kräuterbaguette „Meggle-Style“

LOW CARB LOW FAT

PRO PORTION: 526 KCAL | 11 G E | 22 G F | 72 G KH

ZZGL. 15 MIN. RUHEZEIT

ZUTATEN FÜR 6 PERSONEN

00 40 std : min

FÜR DEN TEIG
- **20 g frische Hefe**
- **300 g Wasser**
- **1 TL Zucker**
- **500 g Weizenmehl Type 405 zzgl. etwas mehr zum Bearbeiten**
- **1½ TL Salz**
- **25 g natives Olivenöl extra**

FÜR DIE KRÄUTER-KNOBLAUCH-BUTTER
- **25 g gemischte Kräuter (Petersilie, Thymian, Rosmarin, Schnittlauch und Oregano)**
- **2 Knoblauchzehen**
- **1 TL Salz**
- **¼ TL frisch gemahlener schwarzer Pfeffer**
- **125 g Butter, in Stücken**

1 Für den Teig Hefe, Wasser und Zucker in den geben, **2 Min. | Stufe 2 | 37 °C** erwärmen. Mehl, Salz sowie Öl zufügen und **2 Min. |** kneten.

2 Den Teig auf einer bemehlten Arbeitsfläche gut durchkneten, in 2 gleich große Portionen teilen und zu langen Rollen formen. Auf ein mit Backpapier belegtes Blech legen, schräg einschneiden und an einem warmen Ort etwa 15 Min. ruhen lassen. Den Backofen auf 220 °C Ober-/Unterhitze vorheizen. Den Teig mit etwas Wasser befeuchten und im Backofen etwa 10 Min. backen. spülen.

3 Für die Kräuter-Knoblauch-Butter Kräuter, Knoblauch, Salz und Pfeffer im **6 Sek. | Stufe 8** zerkleinern. Mit dem nach unten schieben. Die Butter zufügen, **20 Sek. | Stufe 5** vermischen.

4 Die Baguettes aus dem Ofen nehmen und in einem Abstand von 3 cm schräg ein-, aber nicht durchschneiden. Kräuterbutter in die Einschnitte streichen. Weitere 15 Min. goldbraun backen. Übrige Kräuterbutter in einen Spritzbeutel mit Lochtülle füllen, in kleinen Tupfen auf ein Backpapier setzen und so kalt stellen. Oder Butter in Papier zu einer Rolle formen. Beide Enden des Papiers wie bei einem Bonbon zusammendrehen. Kalt stellen und später zum Grillen servieren.

Mediterranes Grillbrot

00 30 std : min

LOW CARB LOW FAT

PRO STÜCK: 288 KCAL | 8 G E | 7 G F | 50 G KH

ZZGL. 1 STD. 30 MIN. RUHEZEIT

ZUTATEN FÜR 8 STÜCK

- **Blättchen von 6 Stielen Thymian**
- **Blättchen von 6 Stielen Oregano**
- **50 g grüne und schwarze Oliven (Glas), entsteint**
- **50 g getrocknete Tomaten (Glas), abgetropft**
- **250 g Wasser**
- **25 g frische Hefe**
- **1 Prise Zucker**
- **500 g Weizenmehl Type 405 zzgl. etwas mehr zum Bearbeiten**
- **40 g natives Olivenöl extra zzgl. etwas mehr zum Bestreichen**
- **1 TL getrocknete italienische Kräuter**
- **1 TL Salz**
- **grobes Meersalz zum Bestreuen**

1 Kräuter in den geben und **5 Sek.** | **Stufe 8** zerkleinern. Oliven und getrocknete Tomaten zufügen, **5 Sek.** | **Stufe 8** zerkleinern und umfüllen.

2 Wasser, Hefe sowie Zucker in den geben und **2 Min.** | **Stufe 2** | **37 °C** erwärmen. Mehl, Olivenöl, getrocknete Kräuter, Oliven-Tomaten-Mix sowie Salz zugeben und alles **2 Min.** | kneten. In eine Schüssel umfüllen, abdecken und an einem warmen Ort ca. 1 Std. gehen lassen, bis sich das Teigvolumen verdoppelt hat.

3 Den Teig auf einer leicht bemehlten Arbeitsfläche in 8 Portionen teilen, diese zu Kugeln formen und dann jeweils zu einem fingerdicken Fladen ziehen. Die Fladen rundherum mit Öl bepinseln und mit etwas Meersalz bestreuen. Noch einmal 20–30 Min. gehen lassen.

4 Die Fladen auf dem Grill bei indirekter Hitze von jeder Seite 3–4 Min. grillen. Alternativ auf ein Backblech geben und im Backofen bei 225 °C Ober-/Unterhitze 20–30 Min. backen.

Bulgursalat „Ottolenghi-Style“

00 45 std : min

LOW CARB LOW FAT

PRO PORTION: 297 KCAL | 7 G E | 17 G F | 30 G KH

ZUTATEN FÜR 8 PERSONEN

FÜR DEN SALAT

- **250 g Bulgur**
- **500 g kochendes Wasser**
- **2 Auberginen, in mundgerechten Stücken**
- **10 g Sojasoße**
- **50 g Teriyakisoße**
- **1 TL Agavendicksaft**
- **6 EL natives Olivenöl extra**
- **2 Knoblauchzehen**
- **1 Zwiebel, halbiert**
- **1,5 EL Tomatenmark**
- **500 g Kirschtomaten, halbiert**
- **½ TL gemahlener Piment**
- **Salz**
- **frisch gemahlener schwarzer Pfeffer**
- **2 Frühlingszwiebeln, in Ringen**

FÜR DAS DRESSING

- **25 g Minzblättchen zzgl. etwas mehr zum Garnieren**
- **250 g Sahnejoghurt**
- **Abrieb und Saft von 1 unbehandelten Zitrone**

1 Für den Salat Bulgur mit Wasser übergießen und ca. 10 Min. quellen lassen. Das restliche Wasser abgießen. Den Backofen auf 200 °C Ober-/Unterhitze vorheizen. Ein Backblech mit Backpapier auslegen. Die Auberginen in einer Schüssel mit Sojasoße, Teriyakisoße, Agavendicksaft sowie 2 EL Olivenöl vermengen und auf dem Backblech verteilen. Im heißen Ofen ca. 20 Min. backen, dabei nach der Hälfte der Zeit wenden.

2 In der Zwischenzeit den Knoblauch mit der Zwiebel im **5 Sek.** | **Stufe 8** zerkleinern und mit dem nach unten schieben. Mit dem übrigen Olivenöl und mit dem Tomatenmark **3 Min.** | andünsten.

3 Bulgur, Kirschtomaten, Piment, ½ TL Salz, 3 Prisen Pfeffer sowie Frühlingszwiebeln zugeben und mit dem vermengen. In eine Schüssel umfüllen und den spülen.

4 Für das Dressing die Minze im **6 Sek.** | **Stufe 8** zerkleinern und mit dem nach unten schieben. Joghurt, Zitronenabrieb und -saft und je 1 Prise Salz sowie Pfeffer zugeben. Alles **15 Sek.** | **Stufe 4** vermengen. Den Bulgursalat mit den Ofen-Auberginen und mit einem Klecks Dressing servieren.

>OTTOLENGHI Der Koch und Buchautor Yotam Ottolenghi ist seit einiger Zeit in aller Munde. Mit seinem Buch „Simple“ feierte er international Erfolge. Seine Prinzipien des Kochens: Mit nur wenigen guten Zutaten, in maximal 45 Minuten und mit cleveren Handgriffen einfach gut kochen. Diese Grundsätze gefallen uns so gut, dass wir einen Bulgursalat nach Ottolenghi-Art für euch entwickelt haben. Interessiert ihr euch für das Kochbuch, findet ihr es beim Verlag Dorling Kindersley.

Grillgemüse

00 15 std : min

LOW CARB LOW FAT

PRO STÜCK: 170 KCAL | 4 G E | 9 G F | 20 G KH

ZZGL. 30 MIN. RUHEZEIT

ZUTATEN FÜR 6 PERSONEN

- **1 Aubergine, längs in Scheiben geschnitten**
- **1 Zucchini, in Scheiben**
- **500 g Drillinge, vorgegart und halbiert**
- **150 g kleine braune Champignons**
- **2 rote Spitzpaprika, in Stücken**
- **100 g Cocktailtomaten**
- **4 EL natives Olivenöl extra**
- **1 TL getrockneter Rosmarin**
- **1 TL getrockneter Thymian**
- **2 Prisen frisch gemahlener schwarzer Pfeffer**
- **Salz**

Das Gemüse in einer Schüssel mit Olivenöl, Kräutern sowie Pfeffer vermengen und 30 Min. ziehen lassen. Anschließend bei indirekter Hitze unter mehrmaligem Wenden 5–10 Min. grillen, bis das Gemüse bissfest und geröstet ist. Salzen und heiß oder auch kalt als Antipasti servieren.

Unser Sommerliebling

Griechischer Spaghettisalat

00 30 std : min

LOW CARB LOW FAT

PRO PORTION: 286 KCAL | 9 G E | 20 G F | 20 G KH

ZUTATEN FÜR 8 PERSONEN

- 4 rote Spitzpaprika, in Stücken
- 1 Gurke, in Stücken
- 2 Knoblauchzehen
- 80 g natives Olivenöl extra zzgl. 1 TL
- 40 g Weißweinessig
- 1 TL getrockneter Oregano
- Salz
- 3 Prisen frisch gemahlener schwarzer Pfeffer
- 1 Prise Zucker
- 1700 g Wasser
- 350 g Spaghetti
- 200 g Cocktailtomaten, in Scheiben
- 1 rote Zwiebel, in Ringen
- 100 g Kalamata-Oliven, entsteint
- 250 g Feta, in Stücken
- gehackte Petersilie zum Garnieren

1 Paprika und Gurke nacheinander in den geben, jeweils **4–5 Sek.** | **Stufe** 6 zerkleinern und in eine Salatschüssel umfüllen.

2 Für das Dressing den Knoblauch in den geben und **5 Sek.** | **Stufe 8** zerkleinern. Mit dem nach unten schieben. Olivenöl, Essig, Oregano, 2 TL Salz, Pfeffer sowie Zucker zufügen, **15 Sek.** | **Stufe 4** vermengen und zum Gemüse in die Schüssel geben.

3 Wasser mit 1 TL Salz sowie 1 TL Öl in den füllen und **14 Min.** | **Stufe 1** | **100 °C** aufkochen. Die Spaghetti durch die Deckelöffnung zugeben und **nach Packungsangabe plus 1 Min.** | | **Stufe 1** | **100 °C** garen, dabei die Nudeln mit dem in den drücken.

4 Die Spaghetti abgießen und unter fließendem Wasser kalt abspülen. Gut abtropfen lassen und in die Schüssel geben.

5 Tomaten, Zwiebelringe, Oliven sowie Feta zugeben und den Spaghettisalat vermengen. Mit Petersilie garnieren und servieren.

DER ALLROUNDER
Mit der rechteckigen Grillplatte im klassischen Ofenrot des Gusseisen-Profis Le Creuset können alle, die keinen Platz für einen Grill im Freien haben, ihren Spezialitäten einfach auf dem Herd die beliebten Röstaromen und charakteristischen Grillstreifen verpassen. Wer draußen grillt, kann die Pfanne mit auf den Rost stellen, dadurch erhitzen und das Grillgut darin servieren. Es bleibt dann extralange heiß! 115 Euro, www.lecreuset.de

RATGEBER

RAUS INS GRÜNE

Für Abwechslung sorgen dieses Jahr auch unsere frischen Funde für das Grillvergnügen

INS NETZ GEGANGEN

Die Zeiten, in denen Würstchen und Veggies durch den Rost in die Glut fallen, sind vorbei! Mit dem großen Grillkorb der Serie „BBQ" von Sagaform (www.sagaform.com) habt ihr vom Brokkoliröschen bis zum Zwiebelchen alles im Griff. Dieser ist übrigens aus Holz und bequem abnehmbar. Ca. 35 Euro, z. B. erhältlich über www.nordicnest.de

ZUSAMMENHALTEN, WAS ZUSAMMEN GEHÖRT

Typisch: Da beißt man einmal herzhaft in den Burger, schon rutscht die Hälfte des Belags heraus. Abhilfe schaffen die wiederverwendbaren Hamburger-Spieße der Serie „Torro" von GEFU. Die Edelstahl-Sticks durch Bun, Patty und Gemüse stechen, schon bleibt alles am Platz. 2er-Set ca. 11 Euro, www.gefu.de

Basis REZEPT

DIE BESTE SCHASCHLIKSOSSE

Für 2 Flaschen à 500 ml: 2 halbierte Zwiebeln, 1 Knoblauchzehe sowie 1 entkernte rote Chili in den geben, 6 **Sek. | Stufe 8** zerkleinern. Mit dem nach unten schieben, 2 EL Olivenöl zufügen und **4 Min. |** andünsten. 2 bunte Paprikaschoten und 2 Gewürzgurken in Stücken zugeben, **6 Sek. | Stufe 6** zerkleinern, mit dem nach unten schieben. 80 g Tomatenmark, 50 g Zucker, 2 TL Gewürzpaste sowie 600 g Wasser zufügen, **15 Min. | Stufe 1 | 100 °C** garen. 2 EL Stärke mit etwas Wasser glatt rühren, zusammen mit 1 TL Currypulver, 1 TL edelsüßem Paprikapulver und je ½ TL Salz und frisch gemahlenem schwarzen Pfeffer in den geben. Alles erneut **5 Min. | Stufe 1 | 100 °C** garen, anschließend in 2 sterile Flaschen umfüllen. Im Kühlschrank hält die Soße 1 Woche.

WARME STIMMUNG

Warme Akzente auf der Outdoor-Tafel setzen die neuen Glasuren des ikonischen Porzellanservice „Grand Cru“ von Rosendahl mit den vier charakteristischen Rillen. Die Glasur im femininen „Blush“ passt zu jeder Tageszeit auf den Tisch. Erhältlich sind die Schalen, Teller, Tassen aber auch in frischem „Mint“ oder in natürlichem „Aschgrau“. Wer mag, kombiniert die sommerlichen Farben! Ab 21 Euro, mehr Infos unter www.rosendahl-design.de

PFLANZLICH UND LECKER

Würstchen gehören beim Grillen einfach dazu. Dabei müssen sie nicht aus Fleisch sein! Die vegane „Like Bratwurst“ von Like Meat auf Sojabasis gelingt auf dem Rost in rund 8 Minuten wunderbar knusprig und lässt nichts vermissen. Ca. 3,30 Euro, mehr Infos zu weiteren pflanzlichen Alternativen für den Grillabend findet ihr unter www.likemeat.de.

GRILLEN, WO IHR WOLLT!

Jetzt heißt es: Grill und Kohle einpacken und raus an die frische Luft! Den tragbaren „BergHOFF®“-Tischgrill könnt ihr ganz nach Belieben auf dem Terrassentisch oder auf der Picknickdecke im Park anschmeißen. Dabei ist jeder sein eigener Grillmeister und es kommt Stimmung wie am Raclettegrill auf. Ab 24. Mai 2022 für 179 Euro unter www.tchibo.de

FINGERFOOD AUS PELLKARTOFFELN

Diese Idee macht sich gut als Appetizer auf dem Grilltisch, während die Gäste noch aufs Grillgut warten: ein Zupfbrot – oder Pull-apart-Bread („pull apart“, zu dt. „auseinanderziehen“) – aus Hefeteig-Bällchen mit dem passenden Dip. Die Geheimzutat: Kartoffeln! Sie verleihen eurem Hefeteig die tolle gelbe Farbe und zusätzliche Saftigkeit.

Für das Pellkartoffel-Pull-apart-Bread:
200 g gekochte mehligkochende Kartoffeln noch warm pellen und in Stücke schneiden. Für den Hefeteig 160 g Wasser mit 10 g frischer Hefe im **3 Min. | Stufe 2 | 37 °C** erwärmen. Kartoffeln zugeben und **4 Sek. | Stufe 5** zerkleinern. 375 g Weizenmehl Type 405, 2 EL Olivenöl, 50 g weiche Butter und 2 TL Salz zufügen, **2 Min. |** kneten. Teig umfüllen, abdecken und 1 Std. ruhen lassen. Backofen auf 175 °C Ober-/Unterhitze vorheizen. Springform am Boden mit Backpapier auslegen, den Rand fetten. In die Mitte der Form eine ofenfeste Schüssel stellen. Aus dem Teig kleine Kugeln formen und um die Schüssel herum verteilen. Erneut 30 Min. ruhen lassen. Danach die Kugeln mit 75 g geriebenem Mozzarella bestreuen und im heißen Ofen 20–25 Min. backen. Brot abkühlen lassen. Schale in der Mitte des Brots mit einem Dip nach Wahl, z. B. mit dem Tomate-Mozzarella-Dip von Seite 11, befüllen und servieren.

Weitere Infos und Rezepte rund um die Kartoffel unter www.die-kartoffel.de

Fotos: Le Creuset (1); Rosendahl-Design (2); Tchibo (1); iStock / Getty Images Plus / Tatiana Volgutova (1)

DIPS hoch 4

Unser erfrischendes Quartett schmeckt immer und überall!

Veganer Kräuter-Dip

00 05 std : min

LOW CARB LOW FAT

PRO PORTION (30 G): 151 KCAL | 5 G E | 12 G F | 7 G KH

ZZGL. 8 STD. RUHEZEIT

ZUTATEN FÜR 450 G

- **250 g Cashewkerne**
- **20 g gemischte Kräuter**
- **150 g kaltes Wasser**
- **2 EL Zitronensaft**
- **1 EL Apfelessig**
- **½ TL Zucker**
- **3 Prisen frisch gemahlener schwarzer Pfeffer**

1 Die Cashewkerne über Nacht in Wasser einweichen. Am nächsten Tag die Kräuter in den [Mixtopf] geben, **5 Sek. | Stufe 8** zerkleinern und mit dem [Spatel] nach unten schieben. Die eingeweichten Cashewkerne abgießen, mit den übrigen Zutaten in den [Mixtopf] geben und **20 Sek. | Stufe 10** fein pürieren.

2 In verschließbare Schraubgläser füllen und bis zum Servieren kalt stellen.

>HALTBARKEIT Der Dip hält sich in einem Schraubglas mehrere Tage im Kühlschrank.

>TIPP Wir haben frische Blättchen von Petersilie, Basilikum und Koriander verwendet. Habt ihr gerade keine frischen Kräuter zur Hand, greift lieber auf getrocknete statt auf TK-Kräuter zurück, da TK-Kräuter in der Regel vor dem Verzehr erhitzt werden sollten.

Griechischer Feta-Dip

00 05 std : min

LOW CARB LOW FAT

PRO PORTION (30 G): 55 KCAL | 3 G E | 4 G F | 1 G KH

ZUTATEN FÜR 400 G

- **1 Knoblauchzehe**
- **2 Frühlingszwiebeln, in Stücken**
- **5 Peperoni (Glas), abgetropft**
- **150 g Sahnejoghurt**
- **200 g Feta, in Stücken**
- **¼ TL Salz**
- **2 Prisen frisch gemahlener schwarzer Pfeffer**

1 Knoblauch, Frühlingszwiebeln sowie Peperoni in den [Mixtopf] geben, **7 Sek. | Stufe 8** zerkleinern und mit dem [Spatel] nach unten schieben.

2 Die restlichen Zutaten für den Dip zufügen und alles **20 Sek. | Stufe 4** vermischen.

>HALTBARKEIT Den Dip im Kühlschrank aufbewahren und innerhalb von 2–3 Tagen verbrauchen.

>TIPP Dieser frische Feta-Dip besteht aus nur 7 Zutaten und ist in 5 Minuten gemixt. Er schmeckt toll zu Baguette und Fladenbrot sowie zu Grillgemüse und Frikadellen.

Baba Ganoush

00 50 std : min

LOW CARB LOW FAT

PRO PORTION (30 G): 36 KCAL | 1 G E | 3 G F | 2 G KH

ZUTATEN FÜR 350 G

- 2 Auberginen
- 4 EL natives Olivenöl extra
- 3 Knoblauchzehen
- 50 g Tahin
- 1 TL Salz
- ¼ TL frisch gemahlener schwarzer Pfeffer
- ½ TL gemahlener Kreuzkümmel
- Abrieb und Saft von ½ unbehandelten Zitrone
- 20 g Petersilienblättchen

1 Den Backofen auf 180 °C Umluft vorheizen. Ein Backblech mit Backpapier auslegen. Auberginen der Länge nach halbieren, mit der Schnittfläche nach oben auf das Blech setzen und mit Olivenöl beträufeln. Im heißen Ofen ca. 40 Min. backen.

2 Knoblauch in den geben, **5 Sek. | Stufe 8** zerkleinern und mit dem nach unten schieben. Die Auberginen aus dem Ofen nehmen und kurz abkühlen lassen. Das Fruchtfleisch mit einem Löffel aus der Schale lösen und in den geben. Übrige Zutaten zufügen und alles **20 Sek. | Stufe 4** cremig rühren.

>HALTBARKEIT Kühl gelagert etwa 1 Woche haltbar.

>TIPP Der arabische Dip passt hervorragend zu Falafeln, Fladenbrot und Gemüsesticks.

Mediterraner Dip

00 05 std : min

LOW CARB LOW FAT

PRO PORTION (30 G): 69 KCAL | 2 G E | 6 G F | 2 G KH

ZUTATEN FÜR 400 G

- 3 getrocknete Tomaten, in Öl (Glas), in Stücken
- 100 g gegrillte Paprikaschoten (Glas), in Stücken
- ½ Chilischote, in Stücken
- 1 Knoblauchzehe
- Blättchen von 2 Stielen Basilikum
- ½ TL Salz
- 3 Prisen frisch gemahlener schwarzer Pfeffer
- Saft von ½ Zitrone
- 200 g Frischkäse
- 100 g Joghurt

1 Tomaten, Paprika, Chili, Knoblauch sowie Basilikum in den geben, **6 Sek. | Stufe 8** zerkleinern und mit dem nach unten schieben.

2 Die restlichen Zutaten hinzufügen und **20 Sek. | Stufe 4** cremig rühren. In eine Schüssel umfüllen und servieren.

>HALTBARKEIT Kühl gelagert ist der Dip 2–3 Tage haltbar.

>TIPP Der leicht scharfe Tomaten-Paprika-Dip passt besonders gut zu Gegrilltem, zu frischem Baguette und schmeckt natürlich auch zu Gemüse und Crackern.

Rezepte: Anna Hilbert | Fotos & Styling: Kathrin Knoll

SÜSSE GRÜSSE

Die frisch gepflückten heimischen Erdbeeren haben nur das Beste verdient. Mit unseren Rezepten genießt ihr die kleinen Roten wie im Landcafé!

Rezepte: Vera Schubert | Fotos & Styling: Désirée Peikert

Illustrationen: iStock / Getty Images Plus / Utro_na_more (1)

DIESES REZEPT IST AB SOFORT ALS **GUIDED COOKING REZEPT** VERFÜGBAR!

Schneller Erdbeerkuchen vom Blech

00 | 45 std : min

LOW CARB · LOW FAT

PRO STÜCK: 149 KCAL | 4 G E | 2 G F | 28 G KH

ZZGL. 1 STD. 30 MIN. RUHEZEIT

ZUTATEN FÜR 16 STÜCKE

FÜR DEN BISKUIT

- **6 Eier**
- **60 g Wasser**
- **150 g Zucker zzgl. etwas mehr zum Bestreuen**
- **150 g Weizenmehl Type 405**
- **1 TL Backpulver**

FÜR DEN BELAG

- **800 g Erdbeeren, je nach Belieben ganz, halbiert, geviertelt oder in Scheiben**
- **250 g Fruchtsaft (z. B. weißer oder roter Traubensaft)**
- **250 g Wasser**
- **40 g Kartoffelstärke**
- **40 g Zucker**

1 | Für den Biskuit den Backofen auf 200 °C Ober-/Unterhitze vorheizen. Ein Blech mit Backpapier auslegen. Den Rühraufsatz einsetzen. Eier, Wasser sowie Zucker in den Topf geben und **3 Min. | Stufe 3 | 50 °C** schaumig schlagen. Dann **10 Min. | Stufe 4** weiterschlagen.

2 | Mehl und Backpulver neben den Rühraufsatz in den Topf geben und **5 Sek. | Stufe 4** unterheben. Den Rühraufsatz entnehmen. Ggf. übrige Mehlspitzen vorsichtig mit dem Spatel unterheben. Den Teig auf das Backblech geben und gleichmäßig verstreichen. Den Biskuit im heißen Ofen ca. 15 Min. goldgelb backen. Inzwischen den Topf spülen.

3 | Ein Küchenhandtuch auf der Arbeitsfläche ausbreiten und großzügig mit Zucker bestreuen. Nach der Backzeit den Biskuit aus dem Ofen nehmen und vorsichtig auf das Küchenhandtuch stürzen. Das Backpapier behutsam abziehen, ggf. mit etwas Wasser befeuchten, damit es sich besser löst. Den Boden etwa 1 Std. auskühlen lassen.

4 | Für den Belag die Erdbeeren auf dem Biskuit verteilen. Fruchtsaft, Wasser, Stärke sowie Zucker in den Topf geben und **5 Sek. | Stufe 5** vermischen. Dann **7 Min. | Stufe 2 | 100 °C** aufkochen. Den Guss kurz abkühlen lassen, dann löffelweise über den Erdbeeren verteilen. Den Kuchen etwa 30 Min. abkühlen lassen und dann in Stücke geschnitten servieren.

>TORTENGUSS Das schöne an Blechkuchen: Sie bieten Platz für reichlich Beeren. Damit diese nicht vom Boden purzeln, stabilisieren wir sie mit Tortenguss. Und den machen wir im Monsieur Cuisine selbst! Je nachdem, welchen Saft ihr dafür verwendet, ist das Ergebnis ein rötlicher oder ein klarer Guss.

LUFTIGE KISSEN
MIT EINER FÜLLUNG AUS SOMMER

Erdbeer-Quarktaschen
Rezept auf Seite 28

Cheesecakes im Glas mit Erdbeersoße

Rezept auf Seite 28

Erdbeer-Quarktaschen

00 30 std : min

LOW CARB LOW FAT

PRO STÜCK: 319 KCAL | 10 G E | 8 G F | 52 G KH

ZUTATEN FÜR 6 STÜCK

- **1 Rolle Blätterteig (Kühlregal)**
- **180 g Erdbeeren, halbiert**
- **180 g Magerquark**
- **1 Ei**
- **20 g Hartweizengrieß**
- **50 g Zucker**
- **2 TL selbst gemachter Vanillezucker**
- **1 Eigelb**
- **1 EL Milch**
- **Puderzucker zum Bestäuben**

1 | Den Backofen auf 180 °C Ober-/Unterhitze vorheizen. Eine kleine hitzebeständige Schüssel mit Wasser füllen und auf den Boden des Backofens stellen. Ein Blech mit Backpapier auslegen. Den Blätterteig auseinandrollen und in 6 Quadrate schneiden. Die Quadrate mit ausreichend Abstand zueinander auf das Blech legen.

2 | Die Erdbeeren in den geben und **5 Sek. | Stufe 5** zerkleinern. Quark, Ei, Grieß, Zucker sowie Vanillezucker zugeben und **10 Sek. | | Stufe 3** verrühren. Die Quarkcreme mittig auf die Teigstücke verteilen. Die Ecken jeweils zur Mitte falten und gut andrücken. Eigelb mit Milch verquirlen und die Quarktaschen damit bestreichen. Im Ofen ca. 20 Min. goldgelb backen.

3 | Die Quarktaschen aus dem Ofen nehmen, abkühlen lassen und mit Puderzucker bestäubt servieren.

>TIPP Unser Trick für eine stabile Quarkcreme: Grieß! Wir rühren davon 20 g unter den Quark. Beim Aufquellen entzieht er dem Quark Wasser und macht diesen so etwas fester. Geht dennoch beim Andrücken der Teigecken sorgfältig vor, damit diese gut halten und die Creme nicht herauslaufen kann.

Cheesecakes im Glas mit Erdbeersoße

00 30 std : min

LOW CARB LOW FAT

PRO PORTION: 365 KCAL | 10 G E | 25 G F | 25 G KH

ZZGL. 1 STD. RUHEZEIT

ZUTATEN FÜR 6 GLÄSER À 160 ML

FÜR DEN BODEN
- **20 g Butter**
- **40 g Vollkornkekse (z.B. „Hobbits")**
- **20 g Mandeln**
- **20 g brauner Zucker**

FÜR DIE FÜLLUNG
- **300 g Frischkäse**
- **50 g Sahne**
- **50 g Zucker**
- **2 TL selbst gemachter Vanillezucker**
- **1 Prise Salz**
- **2 Eier**
- **1000 g Wasser**

FÜR DIE SOSSE
- **200 g Erdbeeren**
- **20 g Puderzucker**
- **1 EL Zitronensaft**

AUSSERDEM
- **6 Sturzgläser mit Glasdeckel (à 160 ml)**

1 | Alle Zutaten für den Boden in den geben und **10 Sek. | Stufe 8** zerkleinern. Krümelmischung auf die Gläser verteilen, mit einem Löffel andrücken. Den ausspülen.

2 | Für die Füllung alle Zutaten, bis auf das Wasser, in den geben und **1 Min. | Stufe 4** vermengen. Auf die Gläser verteilen, mit Deckeln oder hitzebeständiger Frischhaltefolie abdecken und die Gläser im tiefen Dampfgaraufsatz verteilen. Das Wasser in den geben, den Dampfgaraufsatz geschlossen aufsetzen und die Küchlein **18 Min.** | garen.

3 | Den Dampfgaraufsatz absetzen und die Cheesecakes etwa 1 Std. abkühlen lassen. Den spülen.

4 | Für die Soße alle Zutaten in den geben und **20 Sek. | Stufe 10** pürieren. Die Cheesecakes mit der Erdbeersoße garnieren und servieren.

Erdbeer-Frischkäse-Torte ohne Backen

00 50 std : min

LOW CARB LOW FAT

PRO STÜCK: 280 KCAL | 11 G E | 15 G F | 25 G KH

ZZGL. 3 STD. RUHEZEIT

ZUTATEN FÜR 12 STÜCKE

FÜR DEN BODEN
- **80 g Butter, in Stücken zzgl. etwas mehr zum Fetten der Form**
- **150 g Butterkekse**

FÜR DIE CREME
- **200 g Sahne**
- **1 Pck. Sahnesteif**
- **150 g Wasser**
- **1 Pck. gemahlene Gelatine**
- **70 g Zucker**
- **600 g Frischkäse**
- **250 g Quark**
- **20 g selbstgemachter Vanillezucker**
- **Saft und Abrieb von 1 unbehandelten Zitrone**

FÜR DIE GARNITUR
- **300 g Erdbeeren, geviertelt**
- **20 g Puderzucker**
- **Baisers und essbare Blüten, zum Garnieren**

AUSSERDEM
- **Springform (Ø ca. 24 cm)**

1 | Springform mit Backpapier auslegen, Rand mit Butter fetten. Butter im **6 Min. | Stufe 1 | 60 °C** schmelzen. Kekse zugeben, **20 Sek. | Stufe 8** vermengen, in die Form geben, verteilen, festdrücken, kalt stellen. spülen.

2 | Für die Creme den Rühraufsatz einsetzen, Sahne mit Sahnesteif in den einwiegen, **ohne Zeiteinstellung Stufe 4** unter Sichtkontakt steif schlagen. Rühraufsatz entnehmen, Sahne umfüllen und kalt stellen. spülen.

3 | Wasser mit Gelatine **5 Sek. | Stufe 5** im vermengen, 10 Min. einweichen. Zucker zugeben, **4 Min. | Stufe 2 | 60 °C** erwärmen, bis die Gelatine aufgelöst ist. Rühraufsatz einsetzen. Frischkäse, Quark, Zitronensaft und -abrieb zugeben, **30 Sek. | Stufe 4** verrühren.

4 | Rühraufsatz entnehmen, Sahne mithilfe des unterheben. Creme auf dem Boden verstreichen und mind. 3 Std. kalt stellen.

5 | 150 g Erdbeeren mit 2 EL Zitronensaft und Puderzucker im **10 Sek. | Stufe 8** pürieren. Torte aus der Form lösen, übrige Erdbeeren darauf verteilen. Mit Soße beträufeln, mit Baiser und einigen bunten Blüten garnieren.

Mehr erfrischende Ideen mit Erdbeeren gibt's hier!
@MONSIEUR_CUISINE_REZEPTE

Erdbeer-Frischkäse-Torte ohne Backen

Rezept siehe linke Seite

Foto: www.stockfood.com/Immediate Media/Good Food (1)

MIT ÜBERRASCHUNG IN DER CREME

Windbeuteltorte mit Erdbeeren
Rezept siehe rechte Seite

Fotos: Anna Gieseler (1); Jorma Gottwald (1); iStock / Getty Images Plus / cip (1)

Windbeuteltorte mit Erdbeeren

00 45
std : min

LOW CARB LOW FAT

PRO STÜCK: 591 KCAL | 8 G E | 39 G F | 53 G KH

ZZGL. 5 STD. RUHEZEIT

ZUTATEN FÜR 10 STÜCKE

FÜR DEN TEIG
- 3 Eier
- 150 g Zucker
- 150 g Weizenmehl Type 405

FÜR DIE FÜLLUNG
- 500 g Sahne
- 2 Pck. Sahnesteif
- 500 g Schmand
- 15 g selbst gemachter Vanillezucker
- 80 g Gelierzucker 1:1
- 250 g Mini-Windbeutel mit Sahnecreme (TK)

FÜR DEN BELAG
- 250 g roter Saft (z.B. Johannisbeersaft), alternativ Apfelsaft
- 30 g Zucker
- 1 Pck. roter Tortenguss (oder siehe Tipp Seite 25)
- 600 g Erdbeeren, geviertelt oder in Scheiben

AUSSERDEM
- Springform (Ø ca. 26 cm)
- Tortenring

1 | Für den Teig den Backofen auf 160 °C Umluft vorheizen. Die Springform am Boden mit Backpapier auslegen. Den Rühraufsatz einsetzen. Die Eier mit Zucker in den geben und **5 Min. | Stufe 3 | 37 °C** aufschlagen. Anschließend **5 Min. | Stufe 4** weiterschlagen.

2 | Das Mehl neben den Rühraufsatz einwiegen und **8 Sek. | Stufe 4** unterheben. Den Rühraufsatz entnehmen und kurz abspülen. Den Teig in die Springform füllen und im heißen Ofen ca. 20 Min. backen.

3 | Den Biskuit aus dem Backofen nehmen und 1 Std. vollständig abkühlen lassen. Anschließend auf eine Tortenplatte stürzen. Den spülen und abtrocknen.

4 | Für die Füllung den Rühraufsatz einsetzen. Sahne mit Sahnesteif in den geben und **ohne Zeiteinstellung Stufe 4** unter Sichtkontakt steif schlagen. Den Rühraufsatz entnehmen und die Sahne umfüllen. Schmand, Vanillezucker sowie Gelierzucker in den geben und **1 Min. | Stufe 4** glatt rühren. Die Schmandcreme in eine Rührschüssel umfüllen und die Sahne vorsichtig unterheben.

5 | Einen Tortenring um den Biskuitboden spannen und den Boden mit etwa einem Drittel der Creme bestreichen. Die gefrorenen Windbeutel daraufsetzen und die übrige Creme darauf verstreichen. Den spülen.

6 | Für den Belag Saft, Zucker und Tortenguss in den geben, **5 Sek. | Stufe 5** verrühren. Dann **4 Min. | Stufe 1 | 100 °C** aufkochen. Den Guss kurz abkühlen lassen, inzwischen die Erdbeeren auf der Torte verteilen. Den Guss gleichmäßig über die Früchte geben. Die Torte mind. 4 Std. oder über Nacht kalt stellen. Anschließend in Stücke schneiden und servieren.

>WINDBEUTEL Wir haben für diese Torte gefrorene Windbeutel aus dem Tiefkühlregal verwendet – man muss schließlich auch tricksen dürfen! Natürlich könnt ihr sie auch selbst machen.

AB INS GLAS

Wenn das Leben euch Erdbeeren schenkt, macht Marmelade und Nicecream daraus!

HEIMISCH UND GUT

Wir empfehlen euch, auf jeden Fall selbst einmal beim Bio-Bauern um die Ecke Erdbeeren zu pflücken. Das Kilo ist dann günstiger, ihr genießt einen tollen Ausflug und wisst genau, woher die köstlichen Früchte stammen.

BESTE KONFITÜRE

Für 2 Gläser à 250 ml: 500 g Erdbeeren in den einwiegen, mithilfe des **8 Sek. | Stufe 5** zerkleinern. Dann 20 g Zitronensaft sowie 250 g Gelierzucker 2 : 1 zugeben, **15 Min. | Stufe 2 | 100 °C** aufkochen. **8 Sek. | Stufe 5** pürieren. Noch heiß in sterile Gläser füllen und verschließen.

ERDBEER-NICECREAM

200 g gefrorene Erdbeeren und 3 gefrorene Bananen in Scheiben mit 1 TL selbst gemachtem Vanillezucker in den geben und **8 Sek. | Stufe 8** zerkleinern. Mit dem nach unten schieben. Erneut **8 Sek. | Stufe 8** zerkleinern und mit dem nach unten schieben. Dann alles **20 Sek. | Stufe 4** cremig rühren. Die Erdbeer-Nicecream auf Schälchen verteilen, nach Belieben mit frischen Erdbeeren garnieren und sofort servieren.

NUR 3 ZUTATEN

So simpel – und so gut! Hier verraten wir euch, wie ihr vollwertige Gerichte mit drei frischen Zutaten kocht. Dazu braucht's nur noch Salz, Pfeffer und Öl aus der Vorratskammer

Rezepte: Anna-Marie Hilbert & Vera Schubert
Fotos & Styling: Anna Gieseler

Gefüllte Mini-Paprika

00 | 30 std : min

LOW CARB LOW FAT

PRO PORTION: 338 KCAL | 15 G E | 28 G F | 8 G KH

ZUTATEN FÜR 4 PERSONEN

- **200 g Feta, in Stücken**
- **200 g Ziegenfrischkäse**
- **1 Prise Salz**
- **frisch gemahlener schwarzer Pfeffer**
- **16 Mini-Paprikaschoten, längs halbiert**
- **1000 g Wasser**

1 Den Feta in den geben und **6 Sek. | Stufe 6** zerkleinern. Frischkäse, Salz sowie 2 Prisen Pfeffer zufügen und **20 Sek. | Stufe 4** vermengen. Die Mini-Paprikaschoten mit der Frischkäse-Feta-Masse füllen und im tiefen und flachen Dampfgaraufsatz verteilen.

2 Das Wasser in den füllen, den Dampfgaraufsatz geschlossen aufsetzen und die Paprikaschoten **10 Min. |** dämpfen.

3 Den Dampfgaraufsatz absetzen. Die gefüllten Paprika mit etwas Pfeffer bestreuen und sofort servieren.

>TIPP Die kleinen gefüllten Paprikas sind dank Ziegenfrischkäse und Feta wunderbar würzig. Ihr könnt dazu Brot oder Rührei reichen.

>VARIANTE Statt des Ziegenfrischkäses könnt ihr für die Füllung natürlich auch herkömmlichen Natur- oder Kräuterfrischkäse verwenden.

Häufig findet man gefüllte Mini-Paprikas fix und fertig im Kühlregal. Viel leckerer sind die Antipasti aus Paprikaschoten, Feta und Frischkäse allerdings, wenn ihr sie selbst zubereitet. Geht ratzfatz – versprochen! Serviert die pikanten Leckerbissen zum Abendbrot, als Grill-Beilage oder bestückt damit euren Picknickkorb.

Famose Antipasti

Edle Sensation!

Mit Lachsfilet, Ahornsirup und Sojasoße zaubert ihr im Dampfgaraufsatz den zartesten Fisch aller Zeiten – fürs Büfett, fürs Fischbrötchen, als Beilage oder als Salat-Topping.

Gedämpftes Lachsfilet

00 | 30 std : min

LOW CARB LOW FAT

PRO PORTION: 299 KCAL | 30 G E | 19 G F | 1 G KH

ZZGL. 45 MIN. RUHEZEIT

ZUTATEN FÜR 4 PERSONEN

- **600 g Lachsfilet mit Haut**
- **1 EL Olivenöl zzgl. etwas mehr zum Bestreichen**
- **1 EL Sojasoße**
- **1 TL Ahornsirup**
- **1000 g Wasser**
- **2 Prisen Salz**
- **2 Prisen frisch gemahlener schwarzer Pfeffer**

1 Lachs mit der Hautseite nach unten in eine passende Form legen. Öl, Sojasoße und Ahornsirup in einer Schüssel vermengen, Lachs damit bestreichen. Lachs abgedeckt für 30–45 Min. im Kühlschrank ziehen lassen.

2 Den flachen Dampfgaraufsatz mit einem passgenauen Stück Backpapier auslegen. Alternativ eine Silikon-Auflaufform für den Dampfgaraufsatz verwenden. Das Lachsfilet mit der Hautseite nach unten auf den flachen Dampfgaraufsatz legen.

3 Wasser in den füllen. Flachen Dampfgaraufsatz in den tiefen einsetzten. Dampfgaraufsatz verschlossen aufsetzen und den Lachs **18 Min.** | garen. Dampfgaraufsatz absetzen, den Lachs salzen, pfeffern und servieren.

> TIPP Der Lachs kann bis zu 4 Stunden im Kühlschrank mariniert werden. Je länger er in der Marinade zieht, desto aromatischer wird er.

3-Zutaten-Pasta

Rezept auf Seite 41

Fixes Mittagessen

Hähnchen, Farfalle und TK-Rahmspinat kombinieren wir ruck, zuck zu einem köstlichen Gericht. Unser Trick: Gegrillte Hähnchenstreifen sind viel schneller fertig als ein ganzes Filet!

One Pot Mac and Cheese

00 | 20 std : min

PRO PORTION: 933 KCAL | 32 G E | 51 G F | 89 G KH

ZUTATEN FÜR 4 PERSONEN

* **375 g Wasser**
* **375 g Sahne**
* **1½ EL Gemüse-Gewürzpaste**
* **450 g Makkaroni**
* **250 g Cheddar, in kleinen Würfeln**
* **frisch gemahlener schwarzer Pfeffer**

Wasser, Sahne sowie Gewürzpaste in den geben und **8 Min. | Stufe 2 | 100 °C** aufkochen. Makkaroni und Cheddarwürfel zugeben und **nach Packungsangabe plus 1 Min. | | Stufe 1 | 100 °C** garen. Zwischendurch mit dem umrühren. Mac and Cheese abschmecken, auf Teller verteilen, mit Pfeffer bestreuen und servieren.

>**TIPP** Cheddar schmilzt besonders gut und sein milder Geschmack begeistert auch Kinder.

Herrlich cremig!

Makkaroni, Cheddarkäse und Sahne – das sind unsere drei Zutaten für dieses echte Comfort Food aus dem Mixtopf. Praktisch für das Kochen nach Feierabend: Schneidet den Cheddar schon am Vortag in Würfel und stellt diese bis zur Verwendung im Kühlschrank kalt.

ONE POT

Low Carb de luxe!

Frische Eier, aromatischer Lachs und knackige Frühlingszwiebeln – mehr braucht's nicht für dieses Rührei vom Feinsten. Eine Portion genügt für zwei Personen. Serviert ihr das Rührei auf gebuttertem Vollkorn- oder Schwarzbrot, reicht's auch für vier Genießer!

Rührei mit Lachs aus dem Dampfgaraufsatz

Rezept auf Seite 41

Sahnejoghurt mit gedämpften Trauben

00 25
std : min

LOW CARB LOW FAT

PRO PORTION: 216 KCAL | 5 G E | 14 G F | 19 G KH

ZUTATEN FÜR 6 PERSONEN

- **800 g Sahnejoghurt mit Vanillegeschmack**
- **2 EL flüssiger Honig zzgl. etwas mehr zum Garnieren**
- **1000 g Wasser**
- **400 g kernlose Weintrauben, halbiert**

AUSSERDEM

- **passgenaue Auflaufform für den Dampfgaraufsatz**

1 | Den Joghurt und 2 EL Honig in den geben und **30 Sek. | Stufe 3** cremig rühren. Dann umfüllen und auf Schälchen verteilen.

2 | Wasser in den füllen. Den Dampfgaraufsatz aufsetzen, eine passgenaue Auflaufform hineinstellen und die Weintrauben darin verteilen. Den Deckel auflegen und die Trauben **15 Min. |** weich garen. Die Trauben umfüllen und etwas abkühlen lassen.

3 | Die Trauben inklusive ausgetretenem Saft auf dem Joghurt verteilen und mit etwas Honig garniert servieren.

>TIPP Die Trauben garen wir im Dampfgaraufsatz, damit sie schön weich und etwas süßer werden. Durch das Dampfgaren der Früchte tritt Fruchtsaft aus, der sich in der Auflaufform sammelt und später mit den Früchten als Topping auf den Joghurt gegeben wird. Ihr könnt auch entsteinte Kirschen oder Himbeeren verwenden.

Unwiderstehlich erfrischend!

Cremig-seidiger Sahnejoghurt, fruchtig-saftige Weintrauben und etwas aromatischer Honig – schon habt ihr alle Zutaten für ein Dessert der Extraklasse zusammen. Die sahnige Creme kann auch als Frühstück oder Zwischenmahlzeit dienen.

Fruchtiges Trio

Unsere 3-Zutaten-Muffins enthalten Haferflocken, Apfelmus und Blaubeeren (und einen Schuss Sonnenblumenöl aus dem Vorratsschrank). So vollwertig machen sie als süßer Snack sowohl satt als auch glücklich!

Blaubeermuffins aus dem Dampfgaraufsatz

Rezept auf Seite 41

Erdnussbutter-Cookies ohne Ei

00 25 std : min

LOW CARB LOW FAT

PRO STÜCK: 182 KCAL | 7 G E | 12 G F | 14 G KH

ZUTATEN FÜR 12 STÜCK

- ★ **100 g Haferflocken**
- ★ **250 g geröstete, ungesalzene Erdnüsse**
- ★ **2 reife Bananen, in Stücken**
- ★ **1 Prise Salz**

1 | Den Backofen auf 180 °C vorheizen. Ein Backblech mit Backpapier auslegen. Haferflocken im [Mixtopf] **30 Sek.** | **Stufe 10** zu Hafermehl mahlen, umfüllen.

2 | Die Erdnüsse in den [Mixtopf] geben und **10 Sek.** | **Stufe 10** zerkleinern. Anschließend **30 Sek.** | **Stufe 8** mixen. Mit dem [Spatel] nach unten schieben und den Vorgang nach Bedarf ein- bis zweimal wiederholen, bis ein Erdnussmus entstanden ist.

3 | Hafermehl, Bananen sowie Salz zufügen und die Zutaten **30 Sek.** | **Stufe 6** mixen. Aus dem Teig 12 gleich große Kugeln formen und diese auf dem Backblech verteilen. Mit einer Gabel flach drücken und im heißen Ofen ca. 15 Min. backen.

4 | Die Cookies aus dem Ofen nehmen und abkühlen lassen. In einer Dose aufbewahren.

>XXL-TIPP Die 12 Cookies sind schnell verputzt. Wer mag, kann daher auch gleich die doppelte Menge herstellen. Da der Teig kein Ei enthält, könnt ihr die Teigkugeln auch einfrieren und bei Bedarf frische Kekse backen. Die Teigkugeln dafür am besten nebeneinanderliegend einfrieren. Zum Tiefkühlen eignen sich wiederverwendbare Silikonbeutel (erhältlich unter www.zaubertopf-shop.de), die ihr immer wieder verschließen könnt, wenn ihr ein paar Teigkugeln entnommen habt.

Hättet ihr gedacht, dass sich aus drei Zutaten und einer Prise Salz Kekse backen lassen? Im Monsieur Cuisine mahlt ihr dafür frisches Haferflockenmehl, das die Grundlage der Cookies bildet. Reife Bananen ersetzen das Ei und sorgen für Süße ganz ohne Zucker. Die Erdnüsse sind im [Mixtopf] fix zu Erdnussbutter verarbeitet und werden statt Butter zum Teig gegeben. Das macht die Cookies zu einem veganen Snack!

Kernigen Snack!

3-Zutaten-Pasta

00 30 std : min

LOW CARB LOW FAT

PRO PERSON: 493 KCAL | 42 G E | 16 G F | 44 G KH

ZUTATEN FÜR 4 PERSONEN

- **400 g Wasser**
- **500 g portionierbarer Rahmspinat (TK)**
- **350 g Farfalle**
- **Salz**
- **frisch gemahlener schwarzer Pfeffer**
- **3 EL natives Olivenöl extra**
- **500 g Hähnchenbrustfilet, in Streifen**

1 | Wasser mit Rahmspinat in den geben und **9 Min. | Stufe 1 | 100 °C** aufkochen. Die Nudeln mit 1 TL Salz sowie 2 Prisen Pfeffer zufügen und **nach Packungsangabe plus 1 Min.** | | **Stufe 1 |100 °C** garen.

2 | Inzwischen das Öl in einer Pfanne erhitzen und die Hähnchenstreifen darin rundherum braten. Anschließend mit 3 Prisen Salz und 2 Prisen Pfeffer würzen.

3 | Die Spinat-Pasta abschmecken und mit den Hähnchenstreifen auf Schüsseln verteilen. Mit Pfeffer bestreuen und servieren.

>VARIANTE Die Pasta-Bowl schmeckt nicht nur mit Hähnchen – ihr könnt auch Puten- oder Schweinefleisch verwenden. Besonders gut passt auch Lachs! Verwendet dafür 500 g Lachsfilet in Würfeln und bratet diese bei sanfter Temperatur in der Pfanne an. Alternativ könnt ihr auch Räucherlachs nehmen, davon dann etwa 400 g.

Rührei mit Lachs aus dem Dampfgaraufsatz

00 30 std : min

LOW CARB LOW FAT

PRO PORTION: 519 KCAL | 39 G E | 38 G F | 5 G KH

ZUTATEN FÜR 2 PERSONEN

- **8 Eier**
- **2 EL Olivenöl**
- **3 Frühlingszwiebeln, in Ringen, weißer und grüner Teil getrennt**
- **1000 g Wasser**
- **100 g Räucherlachs, in Streifen**
- **frisch gemahlener schwarzer Pfeffer**

1 | Eier, Olivenöl und weiße Frühlingszwiebelringe im **6 Sek. | Stufe 6** vermengen.

2 | Den flachen Dampfgaraufsatz mit einem passgenauen, angefeuchteten Stück Backpapier auslegen und die Eimasse hineingießen. Das Wasser in den füllen, den tiefen Dampfgaraufsatz aufsetzen. Den flachen Dampfgaraufsatz einsetzen, den Deckel auflegen und die Rühreimischung **20 Min.** | stocken lassen.

3 | Den Dampfgaraufsatz absetzen, die Eimasse mit zwei Gabeln zu Rührei zerzupfen und mit dem Räucherlachs und den grünen Frühlingszwiebelringen vermengen. Mit Pfeffer übermahlen, in eine Schale füllen oder direkt im Dampfgaraufsatz servieren.

>TIPP Eierspeisen gelingen im Dampfgaraufsatz perfekt, da das Ei gleichmäßig stockt und so besonders luftig wird. Um das Ei zuzubereiten, muss der flache Dampfgaraufsatz mit einer Unterlage ausgelegt werden. Ihr könnt dafür Back- oder passendes Garpapier verwenden. Wichtig ist dabei immer, dass einige Luftschlitze frei bleiben. Besonders einfach ist das Hantieren mit der passenden Silikon-Auflaufform für den Dampfgaraufsatz. Sie ist viel schneller befüllt und ratzfatz gereinigt. So spart ihr beim Kochen extra Zeit! Ihr findet die FlexiSteam® Auflaufform für 15,95 Euro unter www.zaubertopf-shop.de

Blaubeermuffins aus dem Dampfgaraufsatz

00 30 std : min

LOW CARB LOW FAT

PRO STÜCK: 180 KCAL | 4 G E | 7 G F | 28 G KH

ZUTATEN FÜR 8 STÜCK

- **200 g kernige Haferflocken**
- **500 g Apfelmus**
- **40 g Sonnenblumenöl**
- **200 g Blaubeeren**
- **2 Prisen Salz**
- **1000 g Wasser**

AUSSERDEM

- **Silikon-Muffinförmchen (z. B. ZauberCups)**
- **hitzebeständige Frischhaltefolie**

1 | Haferflocken im **1 Min. | Stufe 10** mahlen. Apfelmus und Sonnenblumenöl hinzufügen und **1 Min. | Stufe 4** zu einem geschmeidigen Teig verrühren. Blaubeeren zugeben und mit dem unterheben.

2 | Die Förmchen oder ZauberCups mit Teig befüllen und mit hitzebeständiger Frischhaltefolie abdecken. Den spülen, mit dem Wasser füllen und den tiefen Dampfgaraufsatz aufsetzen. Die Förmchen darin verteilen, Deckel aufsetzen und die Muffins **20 Min.** | dämpfen.

3 | Den Dampfgaraufsatz absetzen, die Muffins etwas abkühlen lassen und nach Belieben noch warm oder auch kalt servieren.

>TIPP Die kleinen Küchlein gelingen tatsächlich im Dampf. Gebäck aus dem Dampfgaraufsatz hat immer eine andere, saftigere Konsistenz als Gebäck aus dem Backofen. Verwendet ihr Porzellan- oder Metallförmchen, fettet diese gut ein, damit sich die Muffins anschließend leicht lösen lassen. Ihr könnt sie aber auch in der Form servieren. Besonders praktisch sind die Silikonformen ZauberCups (19,90 Euro, www.zaubertopf-shop.de). Sie sind lebensmittelecht und müssen nicht zusätzlich gefettet werden. Wer möchte, kann die Muffins auch in den Silikonformen im Backofen auf mittlerer Schiene bei 180 °C ca. 15 Min. goldbraun backen.

TEST

TOP ODER FLOP?

Im Internet kursieren immer wieder neue Ideen zum Einsatz des Monsieur Cuisine. Aber welche sind absoluter Unsinn und welche funktionieren wirklich? Unsere Kollegin Isabel hat sie für euch getestet!

Isabel

Eigentlich kenne ich den Monsieur Cuisine in- und auswendig. Daher finde ich es spannend, wenn es neue Ideen gibt. Die probiere ich gern sofort aus!

Hack #1

DEN MIXTOPF TROCKNEN

Heausforderung: Ihr habt gerade euren [Mixtopf-Symbol] gespült und möchtet ihn verwenden, um Zucker zu pulverisieren oder Getreide zu mahlen. Dazu muss er absolut trocken sein. Doch auch nach dem gründlichen Auswischen mit dem Geschirrhandtuch bleibt ein wenig Feuchtigkeit im [Mixtopf-Symbol] ? Vor allem unter dem Messer? Wie bekommt man den Topf also schnell richtig trocken?

Internet-Hack: Hier wird der leere [Mixtopf-Symbol] in das Grundgerät eingesetzt und für einige Sekunden die Stufe 10 betätigt. Dabei soll das Restwasser an den Rand des [Mixtopf-Symbol] geschleudert werden, sodass es sich anschließend einfach mit dem Geschirrhandtuch entfernen lässt.

Mein Ergebnis: Das lässt sich wirklich ganz einfach testen und klappt tatsächlich absolut super. Mein Fazit: Top!

Hack #2

STAUBFREI MAHLEN

Herausforderung: Ihr wollt Zucker oder Kaffeebohnen mahlen und verhindern, dass dabei feiner Mahlstaub aus dem [Mixtopf-Symbol] entweicht.

Internet-Hack: Vor dem Verschließen wird ein Blatt Küchenkrepp oben auf den [Mixtopf-Symbol] gelegt. Nun den Deckel aufsetzen, den Messbecher einsetzen und den Mahlvorgang starten.

Mein Ergebnis: Das funktioniert, wenn ihr nach dem Mahlen noch einige Sekunden abwartet, damit sich das Pulver im Inneren des [Mixtopf-Symbol] setzt, bevor ihr den Deckel öffnet. Daher mein Fazit: Top!

Wichtiger Hinweis: Diesen Trick nur beim Mahlen und auf keinen Fall beim Erhitzen von Speisen bzw. beim Kochen anwenden!

Hack #3

DEN DAMPFGARAUFSATZ VERGRÖSSERN

Herausforderung: Ihr möchtet eine große Menge Gemüse garen, doch dafür ist der tiefe Dampfgaraufsatz zu klein oder der Deckel lässt sich nicht mehr lückenlos schließen.

Internet-Hack: Ein Tortenring soll den Garraum vergrößern, indem man ihn in den oberen Rand des Garaufsatzes einsetzt und den Deckel darauflegt.

Mein Ergebnis: Der Tortenring lässt sich keinesfalls passgenau in den Garaufsatz setzen und auch der Deckel liegt darauf nicht nahtlos auf. Das heißt, es würde viel zu viel Dampf entweichen. Mein Fazit: Flop!

Mein Tipp: Ich empfehle für das Garen größerer Mengen den Vergrößerungsaufsatz MaxiSteam® (24,95 Euro, www.zaubertopf-shop.de). Der Aufsatz ist exakt auf den tiefen Dampfgaraufsatz des Monsieur Cuisine angepasst und so konzipiert, dass auch der Deckel nahtlos aufliegt.

Hack #4 EIER TRENNEN

Herausforderung: Ihr möchtet Eier mithilfe eures Monsieur Cuisine sauber trennen.

Internet-Hack Nr. 1: Ei aufschlagen und auf den mit dem Messbecher verschlossenen Deckel des [Symbol] geben. Das Eiweiß tropft langsam nach unten in den [Symbol], während das Eigelb oben auf dem Deckel zurückbleibt.

Internet-Hack Nr. 2: Den Kocheinsatz in den [Symbol] einhängen, Eier aufschlagen und komplett hineingeben. Das Eiweiß tropft nach unten in den [Symbol], das Eigelb bleibt im Kocheinsatz zurück.

Mein Ergebnis: Je nach Festigkeit oder Flüssigkeit des Eiweiß fließt dieses in beiden Fällen nach unten. Bei etwas älteren Eiern ist das Eiweiß flüssiger und die Tricks funktionieren besser. Daher am besten mit dem Spatel nachhelfen, wenn es etwas stockt. Deshalb mein Gesamtfazit: Es kommt drauf an.

Hack #5

ENTSAFTEN

Herausforderung: Ihr wollt im Monsieur Cuisine Früchte entsaften – zum Beispiel für die Herstellung von Gelees.

Internet-Hack: Man soll 1000 g Wasser in den [Symbol] füllen, den Kocheinsatz einhängen und eine Schüssel hineinstellen, die den Kocheinsatz möglichst komplett ausfüllt. Nun den Dampfgaraufsatz aufsetzen, die Früchte hineingeben, den Deckel auflegen und alles **15 Min. |** [Symbol] garen. Die Schüssel soll dabei den Saft auffangen.

Mein Ergebnis: In der Schüssel hat sich tatsächlich Saft gesammelt. Allerdings müsste man diese bei einer größeren Menge an Früchten zwischendurch entleeren und auch Wasser nachfüllen. Die Schüssel ist außerdem sehr heiß und nur schwer aus dem Kocheinsatz zu entnehmen. Daher: nicht wirklich top, aber auch kein kompletter Flop. Deutlich sicherer und komfortabler ist das Entsaften im Monsieur mit dem Dampfentsafter-Einsatz Simsafix®. Damit könnt ihr 2,5 Kilo Früchte entsaften und 1 Liter Saft in einem Gardurchgang auffangen. 24,95 Euro, www.zaubertopf-shop.de

MEIN GESAMT-FAZIT

Es gibt immer wieder gute Ideen, wie wir aus unserem Monsieur Cuisine mehr herausholen und ihn noch effizienter nutzen können. Gleichzeitig bleibt zu sagen, dass viele Ideen auch wirklich unnötig sind. Außerdem ist meine persönliche Meinung: Der Monsieur ist ein echtes Multitalent und erleichtert mir das Leben extrem – dabei muss er für mich aber nicht *alles* können. **Wie seht ihr das?** Habt ihr einen Trick, den ich unbedingt kennen und ausprobieren sollte? **Schreibt mir! redaktion@zaubertopf.de**

Fotos: Archiv

Masterclass

VIELFÄLTIGER SAUERTEIG

Erlebt Schritt für Schritt, wie ihr euren eigenen Sauerteig herstellt und daraus Brot- und Gebäckkreationen wie vom Meisterbäcker zaubert

Rezepte: Charlotte Heyn | Fotos & Styling: Kathrin Knoll

Blütenbrot mit Sauerteig

01 00 std : min

LOW CARB · LOW FAT

PRO SCHEIBE: 119 KCAL | 4 G E | 0 G F | 25 G KH

ZZGL. 21 STD. 30 MIN. RUHEZEIT

ZUTATEN FÜR 1 BROT À 16 SCHEIBEN

- 85 g aktiver Sauerteigansatz „klassisch“ (siehe Seite 52)
- 335 g Wasser
- 250 g Weizenmehl Type 405 zzgl. etwas mehr zum Bearbeiten
- 250 g Dinkelmehl Type 630
- 2 TL Salz
- 3 EL essbare getrocknete Blüten
- 1 TL Stärke

1 | Den Sauerteigansatz mit 50 g Wasser und 50 g Weizenmehl verrühren und abgedeckt ca. 12 Std. ruhen lassen.

2 | Übriges Wasser, Mehle, Salz und 1 EL Blüten zugeben, **2 Min.** | verkneten. Teig auf einer bemehlten Arbeitsfläche gut mit den Händen durchkneten. In eine Schüssel geben, mit einem feuchten Küchenhandtuch abdecken und 45 Min. bei Zimmertemperatur ruhen lassen.

3 | Teig mit angefeuchteten Händen auf der Arbeitsfläche nach oben ziehen und zur Mitte falten. Dies mehrmals wiederholen, bis der Teig zu einer elastischen Kugel verbunden ist. Mit einem feuchten Küchenhandtuch bedecken und 8–12 Std. bei Zimmertemperatur ruhen lassen, bis das Volumen sich deutlich vergrößert hat.

4 | Ein Backblech mit Backpapier belegen. Den Teig behutsam auf eine leicht bemehlte Arbeitsfläche geben **(Bild 1)** und zu einem langen Strang wirken (ca. 35 cm). Den Teigstrang vorsichtig zu einem Kreis formen **(Bild 2)** und die Enden ineinander verschlingen **(Bild 3)**. Auf das Backblech legen, mit einem Küchentuch abdecken und weitere 45 Min. ruhen lassen.

5 | Den Backofen auf 230 °C Ober-/Unterhitze vorheizen. Das Blütenbrot in den Ofen schieben. Eine ofenfeste Schale mit etwas Wasser auf den Boden des Backofens stellen und das Brot ca. 40 Min. backen.

6 | Die Stärke mit 4 EL Wasser verrühren. Das Brot aus dem Ofen nehmen, sofort mit der Stärkemischung bestreichen und mit den übrigen Blüten bestreuen **(Bild 4)**. Das Brot vor dem Anschneiden abkühlen lassen.

> **ESSBARE BLÜTEN** Eine fertige Mischung bekommt ihr zum Beispiel von Sonnentor für ca. 7 Euro, www.sonnentor.de

1

2

3

4

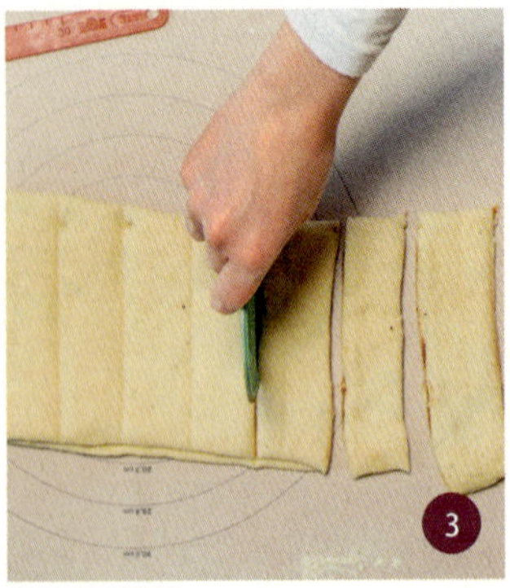

Schwedische Zimtknoten mit süßem Sauerteig

00 40 std : min

LOW CARB LOW FAT

PRO STÜCK: 410 KCAL | 13 G E | 17 G F | 57 G KH

ZZGL. 5 STD. 30 MIN. RUHEZEIT

ZUTATEN FÜR 12 STÜCK

FÜR DEN TEIG

- ★ **190 g Milch**
- ★ **385 g Weizenmehl Type 405 zzgl. etwas mehr zum Bearbeiten**
- ★ **200 g süßer Sauerteig (siehe Seite 53)**
- ★ **20 g Rohrzucker**
- ★ **Mark von 1 Vanilleschote**
- ★ **30 g weiche Butter**
- ★ **10 g Honig**
- ★ **½ TL Salz**

FÜR DIE FÜLLUNG

- ★ **100 g weiche Butter, in Stücken**
- ★ **60 g Kokosblütenzucker, alternativ Rohrohrzucker**
- ★ **1 TL gemahlener Zimt**
- ★ **1 TL Kakaopulver**
- ★ **¼ TL gemahlener Kardamom**
- ★ **3 EL Hagelzucker**

1 | Für den Teig Milch und Mehl im **10 Sek.** | **Stufe 4** vermengen. Die Mischung 30 Min. bei geschlossenem Deckel ruhen lassen.

2 | Übrige Zutaten für den Teig zugeben, **2 Min.** | verkneten. Teig auf einer bemehlten Arbeitsfläche erneut verkneten, in eine Schüssel umfüllen, abdecken, bei Zimmertemperatur etwa 3 Std. ruhen lassen. Dabei alle 30 Min. den Teig mit den Händen dehnen und falten. spülen.

3 | Nach Ende der Ruhezeit die Butter im **5 Min.** | **Stufe 1** | **60 °C** zerlassen. Die übrigen Zutaten für die Füllung, bis auf den Hagelzucker, zufügen und **20 Sek.** | **Stufe 4** vermengen, etwas abkühlen lassen.

4 | Ein Backblech mit Backpapier auslegen. Den Teig auf eine leicht bemehlte Arbeitsfläche oder Teigunterlage geben **(Bild 1)** und rechteckig ausrollen (ca. 45 × 35 cm). Die Füllung mit einer Teigkarte auf dem Teig verstreichen, dabei einen Rand von etwa 1 cm frei lassen **(Bild 2)**.

5 | Das Teigstück von der langen Seite her einmal zusammenklappen (ca. 45 × 17,5 cm) und sanft zusammendrücken, dann in 12 gleich große Stücke schneiden **(Bild 3)**. Die Teigstreifen mit den Händen etwas in die Länge ziehen, verdrehen **(Bild 4)** und dann zu einem einfachen Knoten formen **(Bild 5)**. Die Enden dabei auf der Unterseite zusammendrücken. Die Zimtknoten auf das Backblech legen, abdecken und bei Zimmertemperatur erneut 2 Std. ruhen lassen, bis sich das Volumen verdoppelt hat.

6 | Den Backofen auf 180 °C Umluft vorheizen. Die Zimtknoten mit Hagelzucker bestreuen und im heißen Ofen ca. 15 Min. backen. Dann aus dem Backofen nehmen, etwas abkühlen lassen und servieren.

> **TIPP** Die Zimtknoten – in Schweden Kanelknutar genannt – sind echte Hingucker und überzeugen mit ihrem wunderbaren Zimt-Kardamom-Aroma und karamelligem Kokosblütenzucker. Durch euren selbst gemachten Sauerteig bekommen sie noch zusätzliche Geschmackstiefe. Das unterscheidet diesen saftig-soften Teig von der klassischen Hefeteigbasis und daher lohnen sich die längeren Ruhezeiten!

> **VARIANTE** Nach diesem Rezept könnt ihr auch klassische Zimtschnecken zubereiten. Rollt dafür nach dem Bestreichen mit der Füllung den Teig von der langen Seite her auf und schneidet den Strang in ca. 3,5 cm breite Scheiben. Die Röllchen mit der Schnittkante aufrecht in eine gefettete Backform setzen, abgedeckt für 3 Std. ruhen lassen und anschließend für ca. 25 Min. backen.

SEIDIGE TEXTUR

Der softe Teig erhält seine Elastizität durch die lange Ruhezeit und das wiederholte Dehnen und Falten. Dafür drückt ihr den Teig einfach etwas flach und faltet die Kanten zur Mitte zurück. Mit den Falten nach unten wieder ruhen lassen. Habt ihr eine weite Schüssel für die Ruhezeit, könnt ihr den Handgriff in der Schale durchführen, ansonsten auch auf der Arbeitsfläche.

Dinkelbaguette mit Sauerteig

01 00
std : min

LOW CARB LOW FAT

PRO SCHEIBE: 94 KCAL | 3 G E | 0 G F | 20 G KH

ZZGL. 21 STD. 30 MIN. RUHEZEIT

ZUTATEN FÜR 2 BAGUETTES À 10 SCHEIBEN

- **85 g aktiver Sauerteigansatz „klassisch“ (siehe Seite 52)**
- **335 g Wasser**
- **500 g Dinkelmehl Type 630 zzgl. etwas mehr zum Bearbeiten**
- **2 TL Salz**

1 | Den Sauerteigansatz mit 50 g Wasser und 50 g Mehl verrühren und abgedeckt ca. 12 Std. ruhen lassen.

2 | Sauerteig mit den übrigen Zutaten in den geben, **2 Min.** | verkneten. Teig auf einer bemehlten Arbeitsfläche noch einmal gut durchkneten, in eine Schüssel umfüllen, mit einem feuchten Küchenhandtuch abdecken und ca. 45 Min. bei Zimmertemperatur ruhen lassen.

3 | Den Teig mit angefeuchteten Händen nach oben ziehen und zur Mitte hin falten. Mehrmals wiederholen, bis der Teig zu einer elastischen Kugel verbunden ist. Erneut mit einem feuchten Küchenhandtuch abdecken und 8–12 Std. bei Zimmertemperatur ruhen lassen, bis das Volumen sich deutlich vergrößert hat.

4 | Den Teig behutsam auf eine leicht bemehlte Arbeitsfläche geben und wie einen Briefumschlag viermal zur Mitte hin falten **(Bild 1)**. Den Teig anschließend umdrehen, sodass sich die Nähte auf der Unterseite befinden. Anschließend Teig und Arbeitsfläche mit Mehl bestäuben und den Teig zu einer länglichen Form wirken. Diese mit einer Teigkarte der Länge nach in zwei gleich große Teigstränge teilen.

5 | Beide Teigstränge mit etwas Mehl bestäuben, leicht auseinanderziehen und zu 2 länglichen Baguettes wirken **(Bild 2)**. Mit etwas Abstand auf ein mit Backpapier belegtes Backblech setzen, mit einem Küchentuch abdecken und noch einmal etwa 45 Min. ruhen lassen.

6 | Den Backofen auf 230 °C Ober-/Unterhitze vorheizen, eine ofenfeste Form mit Wasser füllen und auf den Boden des Backofens stellen. Die Baguettes der Länge nach einschneiden und im heißen Ofen etwa 35 Min. backen. Abkühlen lassen und servieren.

1

2

Klassisches Sauerteigbrot rustikal

01:00 std : min

PRO SCHEIBE: 160 KCAL | 5 G E | 0 G F | 34 G KH

ZZGL. 21 STD. 30 MIN. RUHEZEIT

ZUTATEN FÜR 1 BROT À 18 SCHEIBEN

- ★ **85 g aktiver Sauerteigansatz „klassisch" (siehe Seite 52)**
- ★ **335 g Wasser**
- ★ **500 g Weizenmehl Type 550 zzgl. etwas mehr zum Bestäuben**
- ★ **2 TL Salz**
- ★ **½ TL Brotgewürz**

1 | Den Sauerteigansatz mit 50 g Wasser sowie 50 g Mehl verrühren und abgedeckt ca. 12 Std. ruhen lassen.

2 | Sauerteig mit übrigen Zutaten in den [Mixtopf] geben und **2 Min.** | [Knetstufe] verkneten. Den Teig auf einer bemehlten Arbeitsfläche noch einmal durchkneten, in eine Schüssel umfüllen, mit einem feuchten Küchenhandtuch bedecken und etwa 45 Min. bei Zimmertemperatur ruhen lassen.

3 | Den Teig mit angefeuchteten Händen nach oben ziehen und zur Mitte hin falten. Dies mehrmals wiederholen, bis der Teig sich zu einer elastischen Kugel verbunden hat. Erneut mit einem feuchten Küchenhandtuch bedecken und 8–12 Std. bei Zimmertemperatur ruhen lassen, bis das Teigvolumen sich deutlich vergrößert hat.

4 | Den Teig behutsam auf eine leicht bemehlte Arbeitsfläche geben. Den Teig wie einen Briefumschlag viermal zur Mitte hin falten, anschließend umdrehen, sodass sich die Nähte auf der Unterseite befinden. Den Teig und die Arbeitsfläche mit Mehl bestäuben und den Brotlaib rund wirken. Anschließend erneut mit Mehl bestäuben und auf ein mit Backpapier belegtes Backblech setzen. Mit einem Küchentuch abdecken und erneut etwa 45 Min. ruhen lassen.

5 | Den Backofen auf 230 °C Ober-/Unterhitze vorheizen. Sobald die Temperatur erreicht ist, das Brot einschneiden und in den Ofen schieben. Eine ofenfeste Schale mit etwas Wasser auf den Boden des Backofens stellen. Das Brot ca. 40 Min. backen. Anschließend aus dem Ofen nehmen und vor dem Anschneiden abkühlen lassen.

> **BROTGEWÜRZ** Für unser hausgemachtes Brotgewürz verwenden wir je 20 g Anis-, Fenchel-, Koriander- und Kümmelsamen. Diese im [Mixtopf] **30 Sek. | Stufe 10** pulverisieren. Am besten füllt ihr die Mischung in ein Bügel- oder Schraubglas, dann behält sie mindestens 2 Monate ihr Aroma.

Briochebrötchen mit Sauerteig

00 45 std : min

PRO STÜCK: 267 KCAL | 7 G E | 8 G F | 43 G KH

ZZGL. 6 STD. 30 MIN. RUHEZEIT

ZUTATEN FÜR 10 STÜCK

- 170 g Milch
- 350 g Weizenmehl Type 550
- 200 g süßer Sauerteig (siehe Seite 53)
- 40 g brauner Zucker
- 1 Ei
- 50 g weiche Butter
- 1 Prise Salz
- 2 EL Sahne zum Bestreichen

1 Milch mit 200 g Mehl in den geben, **10 Sek. | Stufe 4** vermengen und die Mischung 30 Min. ruhen lassen.

2 Die übrigen Zutaten, bis auf die Sahne, zugeben und **2 Min.** | verkneten. Den Teig auf eine bemehlte Arbeitsfläche geben und 3 Min. mit den Händen weiterkneten. Anschließend in eine Schüssel umfüllen und 3 Std. bei Raumtemperatur ruhen lassen. Währenddessen alle 30 Min. den Teig dehnen und falten (siehe Tipp Seite 47).

3 Den Teig auf einer bemehlten Arbeitsfläche in 10 Portionen teilen, zu runden Brötchen formen und auf ein mit Backpapier ausgelegtes Blech legen. Abgedeckt weitere 3 Std. ruhen lassen.

4 Kurz vor Ende der Ruhezeit den Backofen auf 180 °C Ober-/Unterhitze vorheizen. Die Brötchen mit der Sahne bestreichen und im Ofen ca. 25 Min. backen.

BEEINDRUCKEND?
SELBST GEMACHT!

Himbeer-Babka mit Sauerteig

01 | 00 std : min

LOW CARB LOW FAT

PRO STÜCK: 373 KCAL | 5 G E | 12 G F | 62 G KH

ZZGL. 6 STD. RUHEZEIT

ZUTATEN FÜR 12 STÜCKE

- **150 g Milch zzgl. 2 EL zum Bestreichen**
- **200 g süßer Sauerteig (siehe Seite 53)**
- **375 g Weizenmehl Type 405**
- **75 g Zucker**
- **140 g weiche Butter, in Stücken, zzgl. etwas mehr zum Fetten**
- **2 Eigelb**
- **1 Prise Salz**
- **100 g getrocknete Cranberrys**
- **150 g Himbeerkonfitüre**
- **130 g Puderzucker**

AUSSERDEM
- **Kastenform (Länge 28 cm)**

1 | 100 g Milch im **2 Min. | Stufe 2 | 37 °C** erwärmen. Sauerteig, Mehl, Zucker, 60 g weiche Butter, 1 Eigelb und Salz zugeben. Den Teig **2 Min. |** verkneten, umfüllen und abgedeckt 3 Std. gehen lassen. Dabei den Teig alle 30 Min. dehnen und falten (siehe Tipp auf Seite 47). spülen. Die Kastenform fetten.

2 | Cranberrys im **5 Sek. | Stufe 7** zerkleinern, mit dem nach unten schieben. 80 g Butter mit der Konfitüre zugeben, alles **4 Min. | Stufe 2 | 50 °C** erwärmen.

3 | Den Teig auf einer bemehlten Arbeitsfläche rechteckig ausrollen (ca. 30 × 40 cm). Die Fruchtfüllung darauf verstreichen, dabei rundherum einen Rand lassen. Den Teig von der langen Seite her aufrollen **(Bild 1 und 2)**, dann längs durchschneiden **(Bild 3)**. Beide Teigstränge so miteinander verdrehen, dass die Füllung nach oben zeigt **(Bild 4)**. Den Zopf in die Kastenform legen, abdecken und an einem warmen Ort weitere 3 Std. gehen lassen. Den Backofen auf 180 °C Ober-/Unterhitze vorheizen.

4 | 1 Eigelb mit 2 EL Milch glatt rühren und den Teig damit bestreichen. Die Babka ca. 40 Min. im Ofen backen, dann herausnehmen, auf einem Kuchengitter etwas auskühlen lassen und aus der Form stürzen. Puderzucker mit 50 g Milch verrühren und den Guss über die Babka geben. Warm oder ganz abgekühlt genießen.

1

2

3

4

LANGE TEIGFÜHRUNG

Einige Bäcker werben mit der Länge der Teigführung ihrer Brote. Das bezieht sich auf die vielen Ruhephasen, die der Sauerteig benötigt. Sie dienen dazu, dass sich die Aromen des Teigs entwickeln. Je länger ein Teig „geführt" wird, desto aromatischer wird er.

Sauerteigansatz „klassisch"

00 | 15 std : min

LOW CARB · LOW FAT

PRO 50 G: 85 KCAL | 3 G E | 0 G F | 19 G KH

ZZGL. 5 TAGE RUHEZEIT

ZUTATEN FÜR 500 G

- **250 g Roggenmehl Type 1150**
- **250 g Wasser**

AUSSERDEM
- **Einmach- oder Schraubglas à 750–1000 ml**

STEP 1 | Die Hände ohne Seife gründlich waschen. 50 g Wasser mit 50 g Mehl ins Glas geben und mit den Fingern verrühren. Den Deckel auflegen und das Glas für 24 Std. an einen warmen Ort stellen. Nach dieser Zeit sollte sich ein leicht süßlicher Duft entwickelt haben.

STEP 2 | Erneut 50 g Wasser und 50 g Mehl in das Glas geben, wieder mit den Fingern verrühren und wie zuvor 24 Std. stehen lassen. Der Teig sollte sich danach sichtbar vergrößert haben.

STEP 3 | Wieder 50 g Wasser und 50 g Mehl in das Glas geben, ab jetzt mit einem sauberen Löffel verrühren und an einem warmen Ort 24 Std. stehen lassen. Der Teig sollte nun Blasen bilden und säuerlich riechen.

STEP 4 | Noch einmal je 50 g Wasser und Mehl in das Glas geben, mit einem sauberen Löffel verrühren, für 24 Std. an einen warmen Ort stellen.

STEP 5 | Erneut 50 g Wasser und 50 g Mehl in das Glas geben, verrühren und an einem warmen Ort 24 Std. stehen lassen.

STEP 6 | Jetzt schlägt der Sauerteigansatz Blasen und ist bereit für die Verarbeitung bzw. für die Entnahme für einen Vorteig.

Süßer Sauerteig

00 | 10
std : min

PRO 50 G: 106 KCAL | 2 G E | 0 G F | 24 G KH

ZZGL. CA. 6 TAGE RUHEZEIT

ZUTATEN FÜR 250 G

FÜR DEN SAUERTEIGANSATZ
- 100 g Wasser
- 100 g Weizenmehl Type 550, alternativ Dinkelmehl Type 630

FÜR DEN SAUERTEIG
- 10 g süßer Sauerteigansatz (s.o.)
- 100 g Weizenmehl Type 550 oder Dinkelmehl 630
- 100 g Wasser
- 40 g Zucker

AUSSERDEM
- Einmach- oder Schraubglas à 750–1000 ml

STEP 1 | Für den Sauerteigansatz die Hände ohne Seife gründlich waschen. 50 g Wasser mit 50 g Mehl im Glas mit den Fingern verrühren. Deckel auflegen, das Glas 24 Std. an einen warmen Ort stellen. Nach dieser Zeit sollten sich die ersten Bläschen gebildet haben.

STEP 2 | 25 g Wasser und 25 g Mehl zugeben, wieder mit den Fingern verrühren, erneut 24 Std. stehen lassen. Der Teig sollte sich nach der Zeit deutlich vergrößert haben.

STEP 3 | 25 g Wasser und 25 g Mehl zugeben, ab jetzt mit einem Löffel verrühren, an einem warmen Ort 12–24 Std. stehen lassen. Das Anstellgut ist nun bereit für die Weiterverarbeitung.

STEP 4 | Für den Sauerteig 10 g von dem süßen Sauerteigansatz in einem verschließbaren Glas mit 50 g Mehl, 50 g Wasser und 20 g Zucker verrühren, abgedeckt 8–12 Std. ruhen lassen.

STEP 5 | Erneut 25 g Mehl, 25 g Wasser und 10 g Zucker zugeben, verrühren und abgedeckt 8–12 Std. ruhen lassen. Noch einmal 25 g Mehl, 25 g Wasser und 10 g Zucker zugeben, verrühren und 8–12 Std. ruhen lassen.

STEP 6 | Nach dieser Zeit ist der süße Sauerteig aktiv und kann wie im jeweiligen Rezept beschrieben weiterverarbeitet werden.

>TIPP Alternativ könnt ihr euren klassischen Sauerteigansatz verwenden, um ihn ab Schritt 4 in einen süßen zu verwandeln. Dieser Teig wird dann etwas dunkler.

DIE 8 HÄUFIGSTEN *Fragen*

1 Warum soll ich den Teig an Tag 1 und 2 mit den Fingern umrühren?

Um den eigenen Sauerteig zu aktivieren, braucht es auch die Bakterien, die jeder von uns an den Händen hat. Natürlich ist es wichtig, dass die Hände gründlich gewaschen sind. Seife sollte nicht mit an den Teig. Wascht euch die Hände daher gut mit klarem Wasser.

2 Warum soll der Deckel des Glases geöffnet bleiben?

Euer Sauerteig braucht Luft! Und auch die Bakterien aus der Luft! Verschließt ihr den Deckel, kann der Teig nicht mehr „atmen". Einen Schraubdeckel daher nur auflegen, nie zuschrauben, ein Bügelglas nie zuklemmen, den Bügel geöffnet lassen.

3 Warum gebe ich täglich je 50 g Wasser und Mehl dazu?

Diesen Prozess nennt man „füttern". Für die Bildung der charakteristischen Säure benötigt der Sauerteig stets genügend frische Nährstoffe, die im Mehl enthalten sind. Und damit er nicht austrocknet, wird noch etwas Wasser zugefügt.

4 Wann ist eine gute Uhrzeit zum Füttern?

Überlegt, wann es in den Tagesablauf passt, euren Teig zu füttern. Ist es besser morgens vor oder abends nach der Arbeit? Da ihr das Füttern stets zur gleichen Zeit wiederholt, ist es sinnvoll, sich für eine Tageszeit zu entscheiden, dann wird es zum Ritual.

5 Was ist ein Vorteig?

Nach 5 Tagen bzw. an Tag 6 habt ihr einen aktiven Sauerteig im Glas. Mit einem Teil davon (je nach Rezept) könnt ihr nun einen Vorteig ansetzen. Dieser wird angerührt und braucht erneut etwa 12 Std. Ruhezeit. Dann hat er sein Volumen deutlich vergrößert und ist aktiv. Dieser Vorteig dient nun als Basis für euren finalen Brotteig.

6 Was heißt „aktiver" Sauerteig?

Um erfolgreich einen Vorteig anzusetzen, muss der Sauerteigansatz im Glas aktiv sein. Das heißt, 12 Std., ehe ihr den Vorteig ansetzen möchtet, füttert ihr den Sauerteig im Glas mit 50 g Mehl und 50 g Wasser. Das könnt ihr zum Beispiel abends tun, damit ihr morgens den Vorteig ansetzen könnt oder morgens, um abends den Vorteig herzustellen.

7 Was mache ich, wenn ich Sauerteig aus dem Glas entnommen habe?

Wenn ihr Sauerteig aus dem Glas zum Brotbacken entnehmt, füttert den Sauerteig im Glas auch direkt wieder mit Mehl und Wasser. So füllt ihr die Masse wieder auf.

8 Ich habe nicht genug Sauerteig für zwei Brote, was kann ich tun?

Braucht ihr mehr Sauerteig, als im Glas ist, füttert den Sauerteig 2 Tage hintereinander, ohne etwas zu entnehmen, und vergrößert so nach und nach die Menge. Wer Lust hat, kann aber auch mehrere Sauerteige parallel ansetzen und füttern.

RATGEBER

SAUERTEIG

Erfahrt hier, wie ihr das natürliche Triebmittel aus Mehl und Wasser in euren Alltag integriert, um regelmäßig frisches Brot zu backen!

DAS RICHTIGE MEHL

Sauerteig aus Roggenmehl eignet sich vor allem zur Herstellung von Broten, solche aus Dinkel- oder Weizenmehl sind perfekt für helle Brötchen oder süße Gebäcke.

Die 3 wichtigsten Tipps für Einsteiger:

1 – Setzt einen ersten Sauerteig am besten mit nur einer Mehlsorte an. Wie das genau geht, erklären wir auf Seite 52.

2 – Verwendet frisches Mehl! Je frischer, desto aktiver wird auch der Sauerteig sein.

3 – Wechselt die Sorte nicht, während ihr euren Teig füttert. Ein anderes Mehl kann dazu führen, dass der Sauerteig sich verändert, anders riecht oder unterschiedlich schnell aktiv wird.

Folgende Mehl-Typen eignen sich sehr gut

Roggenmehl:	Type 815, 997, 1150, 1370, 1740
Dinkelmehl:	Type 630, 812, 1050
Weizenmehl:	Type 550, 812, 1050, 1600

Auch Vollkornmehle und solche, die ihr selbst im Monsieur gemahlen habt, eignen sich.

AKTIV VS. „SCHON DRÜBER“

Wenn ihr euren Sauerteig noch nicht so lange habt, hilft euch ein einfaches Gummiband dabei, die Aktivität des Teigs besser einschätzen zu können. So geht's: Spannt ein Gummiband um das Glas und rollt es nach dem Füttern auf die Höhe der Teigoberfläche. Jetzt könnt ihr stündlich beobachten, wie weit der Teig über diese Linie steigt und mehr und mehr Luftblasen bekommt. Ist seine Oberfläche nach oben gewölbt, ist er besonders aktiv. Jetzt hat er die meiste Kraft, um euren Vorteig „anzuheben“.

Faustregel: Am aktivsten ist der Teig meist 8–12 Stunden nach dem Füttern, wenn sich die Oberfläche nach oben wölbt. Verwendet ihn *jetzt* für den Vorteig!

Tipp für den Vorteig: Er verhält sich ähnlich. Er geht auf, wölbt sich nach oben. Dann ist er am aktivsten und sollte idealerweise *direkt* zum Brotteig weiterverarbeitet werden.

Fällt der Teig bereits wieder in sich zusammen, dann seht ihr das ebenfalls am Glas: Wie bei einem Pegelmesser hinterlässt er am Höchststand eine Spur und sinkt schließlich auf die Höhe des Gummibands zurück. Sobald dieser Prozess beginnt, nimmt die Aktiviät ab. Wenn ihr einen Sauerteig verwendet, der den aktivsten Moment schon hinter sich hat, kann es passieren, dass euer Brot nicht mehr aufgeht, sondern sehr kompakt und nicht so luftig wird.

Faustregel: Wölbt sich die Oberfläche des Teigs wieder nach unten, ist der Teig nicht mehr aktiv.

FÜTTERN UND PAUSIEREN

Wenn ihr nicht jeden Tag backen möchtet, könnt ihr euren fertigen Sauerteig ruhen lassen und das Füttern unterbrechen. Stellt ihn dazu nach dem Füttern in den Kühlschrank. Den Deckel immer nur aufgelegt lassen, nicht luftdicht verschließen. So kann er bis zu 1 Woche stehen bleiben.

Soll der Sauerteig erneut zum Einsatz kommen, lasst ihn 12 Stunden Zimmertemperatur annehmen. Rührt dann wieder 50 g Mehl und 50 g Wasser unter und lasst den Sauerteig 8–12 Stunden bei Zimmertemperatur stehen, bis er Blasen wirft. Jetzt könnt ihr ihn wie gewohnt weiterverwenden.

Auch wenn ihr kein Brot backen möchtet, holt den Teig einmal in der Woche aus dem Kühlschrank, lasst ihn Raumtemperatur annehmen und füttert ihn, damit er frisch bleibt. Wird das Glas zu voll, könnt ihr vor dem Füttern etwas Teig abnehmen. Diesen könnt ihr als natürlichen Aktivator auf den Kompost geben oder ein weiteres Glas Sauerteig damit starten.

DEN TEIG HALTBAR MACHEN

Ein Urlaub steht an? Ihr habt inzwischen einen aktiven Sauerteig, mit dem ihr gut umgehen könnt? Dann lohnt es sich, etwas davon haltbar zu machen. Unsere favorisierten Varianten:

Trocknen

Gebt dafür einige Esslöffel der Masse auf einen Bogen Backpapier und verstreicht sie dünn mit dem . Lasst die Masse vollständig trocknen – das dauert etwa 24 Stunden. Die „Teigchips" anschließend in ein luftdicht verschließbares Schraubglas geben. So aufbewahrt bleiben sie monatelang haltbar. Bei Bedarf rührt ihr wie beim herkömmlichen Füttern 50 g Wasser unter, um den Teig zu reaktivieren. Es kann sein, dass ihr das Füttern noch einige Male wiederholen müsst, ehe ihr ausreichend Sauerteig habt, der richtig aktiv ist.

Einfrieren

Alternativ könnt ihr etwas von eurem Sauerteig einfrieren – am besten direkt nach dem Füttern. Gebt den Teig in ein kleines, solides Schraubglas, das ihr maximal bis zur Hälfte füllt, da sich die Masse beim Gefrieren ausdehnt. So eingefroren ist der Teig bis zu 1 Jahr haltbar. Wollt ihr ihn verwenden, lasst den gefrorenen Teig im Kühlschrank 12 Stunden auftauen und weitere 12 Stunden Zimmertemperatur annehmen. Füttert den Teig nun wie gewohnt mit Mehl und Wasser, bis er wieder Aktivität zeigt.

UNSERE 3 LIEBLINGSZUBEHÖRE

1 Zum Verzieren eurer Brote braucht es eine scharfe Klinge, die ihr mit schnellen Bewegungen durch die Teigoberfläche führen könnt. Genau das ermöglicht der WunderStyler® Classic. 9,99 Euro

2 Auf der großen Teigunterlage aus Silikon lassen sich Teige falten, formen und portionieren, dabei haftet die Unterlage sicher auf der Arbeitsplatte. Die Maßangaben am Rand sowie die Durchmesser-Ringe helfen dabei, präzise Größen auszurollen. Weiteres Plus: Die Arbeitsplatte bleibt sauber! 35,85 Euro

3 Backt ihr regelmäßig Brot, legt euch einen Gärkorb aus natürlichem Peddigrohr zu. Dieser wird mit Mehl bestäubt oder mit einem Tuch ausgelegt, das ihr großzügig bemehlt. Nun gebt ihr den Brotteig hinein, sodass er optimal gehen und sich entfalten kann. Zudem erhält das Brot darin die charakteristischen Brotringe. Runde oder ovale Gärkörbe, ab 16,45 Euro.

Alle Backzubehöre findet ihr unter www.zaubertopf-shop.de

IN DER RUHE LIEGT DIE KRAFT

Habt Geduld mit euch und eurem Sauerteig und vertraut darauf, dass die Beschreibungen, wann er gefüttert wird, wie lange er ruhen muss und wann er aktiv ist, schnell Sinn machen, wenn ihr erst einmal das erste Brot gebacken habt. Je häufiger ihr den Prozess durchlauft, desto selbstverständlicher wird er. Und geht doch mal etwas schief, fangt einfach von vorn an! Ihr braucht nur etwas Mehl, Wasser und ein bisschen Zeit.

Fotos: iStock / Getty Images Plus / Darya Arnautova (1), alvarez (2), AntonioGuillem (1) | Illustrationen: iStock/Getty Images/Olga Nefedova (1)

ALL IN ONE

Paprika

Sie strahlen in intensiven Farben und stecken voller Aroma. In Mixtopf, Kochein- und Dampfgaraufsatz zeigen sich die Schoten von ihren besten Seiten

Rezepte: Jennifer Dehen
Fotos & Styling: Tina Bumann

Gefüllte Paprika mit Polenta und Tomatensoße
Rezept auf Seite 64

DIESES REZEPT IST AB SOFORT ALS **GUIDED COOKING REZEPT** VERFÜGBAR!

All-in-one-Paprikarisotto mit Knusper-Kabeljau

Rezept auf Seite 64

Buchweizen-One-Pot „Tomate-Mozzarella“

00 35 std : min

LOW CARB LOW FAT

PRO PORTION: 424 KCAL | 14 G E | 13 G F | 64 G KH

ZUTATEN FÜR 4 PERSONEN

- 125 g Mozzarella, in Stücken
- 1 Karotte, in Stücken
- 2 Stangen Staudensellerie, in Stücken
- 1 rote Paprikaschote, in Stücken
- 150 g Frühlingszwiebeln, in Ringen
- 1 Gemüsezwiebel, in Stücken
- 1 Knoblauchzehe
- 20 g natives Olivenöl extra
- 700 g Tomatensaft
- 250 g Buchweizen
- 1 TL Gemüse-Gewürzpaste
- 1 TL Salz
- 2 Prisen frisch gemahlener schwarzer Pfeffer
- ¼ TL edelsüßes Paprikapulver
- ½ TL Harissapaste

1 | Mozzarella im Mixbehälter **4 Sek. | Stufe 6** zerkleinern, umfüllen. Karotte, Sellerie, Paprika und die Hälfte der Frühlingszwiebeln in den Mixbehälter füllen, **6 Sek. | Stufe 8** zerkleinern. Zwiebel mit Knoblauch zugeben und **5 Sek. | Stufe 8** zerkleinern. Öl zufügen und ohne Messbecher **8 Min. | Stufe 1 | 120 °C** dünsten.

2 | Die übrigen Zutaten, bis auf den Käse, zugeben, mit dem Spatel kurz durchrühren und **20 Min. | ↺ | Stufe 1 | 100 °C** garen. Die Hälfte des Mozzarellas mit dem Spatel unterrühren. Den One-Pot mit restlichen Frühlingszwiebeln und Mozzarella bestreut servieren.

> TIPP Dazu passen frische Lachsfilets! Dafür den flachen Dampfgaraufsatz mit Backpapier auslegen, Filets darauf verteilen und würzen. In Schritt 2 den Dampfgaraufsatz aufsetzen und den Lachs **20 Min. | ↺ | Stufe 1 | 120 °C** garen.

Riesen-Putenroulade mit Paprikasoße
Rezept auf Seite 65

PAPRIKA EINFRIEREN

Wusstet ihr, dass ihr Paprikaschoten auch einfrieren könnt? Wascht sie und schneidet sie in Stücke. So portioniert könnt ihr sie im Tiefkühler länger lagern. Das lohnt sich vor allem, wenn sie gerade im Angebot sind und ihr nicht so viel verarbeiten könnt. Wichtig: Durch das Gefrieren verändern sich die Zellen der Paprika. Sie ist nach dem Auftauen nicht mehr knackig, eignet sich aber perfekt zum Kochen, beispielsweise für Risotto.

FIX

Italienische Antipasti mit Halloumi und Reis

Rezept auf Seite 65

Ajvar-Reis mit scharfen Hackbällchen

00 40 std : min

LOW CARB | LOW FAT

PRO PORTION: 587 KCAL | 30 G E | 22 G F | 69 G KH

ZUTATEN FÜR 4 PERSONEN

- 15 g Petersilienblättchen zzgl. etwas mehr zum Garnieren
- 1 rote Zwiebel, halbiert
- 1 Knoblauchzehe
- 1 grüne Chilischote, halbiert und entkernt
- 1 trockenes Brötchen, in Stücken
- 400 g gemischtes Hackfleisch
- 1 TL mittelscharfer Senf
- 1 Ei
- 1 TL Salz
- 3 Prisen frisch gemahlener schwarzer Pfeffer
- 4 rote Paprikaschoten, in Würfeln
- 1500 g Wasser
- 250 g Parboiled-Reis
- 100 g grünes Ajvar, oder etwas mehr nach Belieben (Rezept siehe Seite 66)

1 Petersilie in den geben, **5 Sek.** | **Stufe 6** zerkleinern, umfüllen. Zwiebel, Knoblauch und Chilischote im **5 Sek.** | **Stufe 8** zerkleinern. Mit dem nach unten schieben.

2 Brötchen in den geben und **20 Sek.** | **Stufe 8** zerkleinern. Hackfleisch, Senf, Ei, Salz sowie Pfeffer zufügen und **30 Sek.** | | **Stufe 3** vermischen. Aus dem Teig 16 Bällchen formen und im tiefen Dampfgaraufsatz verteilen. Den flachen Dampfgaraufsatz einsetzen, die Paprikastücke darauf verteilen und den Deckel verschließen.

3 Kocheinsatz einsetzen, Reis einwiegen, unter fließendem Wasser abspülen und wieder in den einsetzen. Wasser in den geben, den Dampfgaraufsatz aufsetzen und alles **20 Min.** | garen. Den Dampfgaraufsatz vorsichtig abnehmen, den Kocheinsatz mithilfe des entnehmen und den leeren. Den Reis mit grünem Ajvar sowie den Paprikawürfeln vermengen. Mit Hackbällchen anrichten und mit etwas Petersilie garniert servieren.

Gefüllte Paprika mit Polenta und Tomatensoße

01 00 std : min

LOW CARB LOW FAT

PRO PORTION: 389 KCAL | 15 G E | 12 G F | 54 G KH

ZUTATEN FÜR 4 PERSONEN

- **4 rote Spitzpaprikaschoten**
- **80 g getrocknete Tomaten**
- **60 g Salzmandeln**
- **2 Knoblauchzehen**
- **20 g Petersilienblättchen**
- **700 g Wasser**
- **Salz**
- **150 g Polenta**
- **2 Prisen frisch geriebene Muskatnuss**
- **frisch gemahlener schwarzer Pfeffer**
- **1 Zwiebel, halbiert**
- **1 EL natives Olivenöl extra**
- **600 g passierte Tomaten**
- **1 Lorbeerblatt**
- **¼ TL Cayennepfeffer**
- **½ TL edelsüßes Paprikapulver**
- **½ TL gemahlener Kreuzkümmel**
- **1 TL Balsamicoessig**
- **260 g Kidneybohnen (Dose), abgetropft**

1 Deckel der Paprikas abschneiden und die Kerne aus den Schoten lösen. Getrocknete Tomaten, Mandeln, 1 Knoblauchzehe sowie Petersilie in den geben und **7 Sek.** | **Stufe 8** zerkleinern. Umfüllen.

2 500 g Wasser und 1 TL Salz in den füllen und **10 Min.** | **Stufe 1** | **100 °C** zum Kochen bringen. Polenta langsam einrieseln lassen, Muskatnuss und 2 Prisen Pfeffer zugeben und **5 Min.** | | **Stufe 1** | **90 °C** garen. Petersilienmischung zufügen und mit dem unterheben. Paprikaschoten mit der Polentamasse füllen und in den tiefen Dampfgaraufsatz legen. Den kurz ausspülen.

3 Zwiebel mit übriger Knoblauchzehe in den geben, **5 Sek.** | **Stufe 8** zerkleinern und mit dem nach unten schieben. Öl zufügen und **2 Min.** | ohne Messbecher dünsten. Tomaten, restliches Wasser, Lorbeerblatt, 1 TL Salz, 2 Prisen Pfeffer und die restlichen Gewürze zugeben. Den Dampfgaraufsatz aufsetzen und alles **30 Min.** | garen.

4 Den Dampfgaraufsatz vorsichtig zur Seite stellen. Essig mit Bohnen in den geben und weitere **2 Min.** | | **Stufe 1** | **100 °C** erwärmen. Paprikaschoten zusammen mit Bohnen in Tomatensoße servieren.

>TIPP Falls ihr keine Polenta im Haus habt, könnt ihr sie durch Hartweizengrieß ersetzen. Der Geschmack der Füllung wird dadurch etwas neutraler, ggf. könnt ihr also noch etwas nachwürzen.

All-in-one-Paprikarisotto mit Knusper-Kabeljau

00 50 std : min

LOW CARB LOW FAT

PRO PORTION: 849 KCAL | 51 G E | 34 G F | 80 G KH

ZUTATEN FÜR 4 PERSONEN

- **40 g Parmesan, in Stücken**
- **2 Scheiben Toast, getrocknet**
- **30 g Haselnüsse**
- **Blättchen von 6 Stielen Petersilie**
- **Abrieb und Saft von 1 unbehandelten Orange**
- **Salz**
- **frisch gemahlener schwarzer Pfeffer**
- **600 g Kabeljaufilets**
- **je 1 gelbe, rote und orange Paprikaschote, in Stücken**
- **1000 g Geflügelfond**
- **3 Schalotten, halbiert**
- **1 Knoblauchzehe**
- **300 g Risottoreis**
- **20 g natives Olivenöl extra**
- **80 g trockener Weißwein**
- **3 Msp. Safran**
- **20 g Butter**

1 Parmesan im **10 Sek.** | **Stufe 10** zerkleinern und umfüllen. Toast, Nüsse, Petersilie, 1 TL Orangenabrieb, ½ TL Salz sowie 2 Prisen Pfeffer in den geben, **10 Sek.** | **Stufe 8** vermischen und umfüllen. Den flachen Dampfgaraufsatz so mit Backpapier auslegen, dass die Dampfschlitze frei bleiben. Kabeljaufilets auf dem flachen Dampfgaraufsatz verteilen.

2 Die Paprika in den geben, **4 Sek.** | **Stufe 6** grob zerkleinern. Die Paprikastückchen im tiefen Dampfgaraufsatz verteilen, dabei die Flüssigkeit abgießen. Geflügelfond in den füllen. Den flachen Dampfgaraufsatz in den tiefen einsetzen, den Deckel auflegen und alles **15 Min.** | **Stufe 1** | **120 °C** garen. Den Dampfgaraufsatz vorsichtig zur Seite stellen und den Fond umfüllen.

3 Schalotten mit Knoblauch in den geben und **15 Sek.** | **Stufe 8** zerkleinern. Mit dem nach unten schieben. 1 TL der Mischung zu dem Nusstopping geben und vermengen.

4 Reis mit Olivenöl in den geben und **4 Min.** | | **Stufe 1** | **120 °C** dünsten. Wein und Orangensaft angießen, Dampfgaraufsatz aufsetzen und alles **3 Min.** | | **Stufe 1** | **120 °C** garen. Heißen Fond mit ½ TL Salz zugeben und mit dem kurz über den Boden des rühren. Den Dampfgaraufsatz zum Warmhalten des Kabeljaus erneut aufsetzen und Reis weitere **20 Min.** | | **Stufe 1** | **95 °C** zu Ende garen.

5 Dampfgaraufsatz vorsichtig zur Seite stellen. Paprikastückchen, Safran, Butter, Parmesan sowie den Rest des Orangenabriebs in den geben und mit dem vorsichtig unterheben. Risotto mit etwas Pfeffer bestreuen, die Kabeljaufilets darauf anrichten und das Nusstopping darüber verteilen.

>WARM HALTEN Bei diesem All-in-one-Gericht nutzt ihr einen Teil der Garzeit des Reises dazu, den Kabeljau im Dampfgaraufsatz darüber warm zu halten. So sind nach Ende der Gesamtkochzeit alle Komponenten gar und heiß – fertig zum Servieren!

Riesen-Putenroulade mit Paprikasoße

01 40 std : min

LOW CARB LOW FAT

PRO PORTION: 550 KCAL | 73 G E | 19 G F | 15 G KH

ZUTATEN FÜR 4 PERSONEN

- 1000 g Putenbrust
- Salz
- frisch gemahlener schwarzer Pfeffer
- 70 g Frischkäse
- 1 EL Ajvar
- 1½ TL edelsüßes Paprikapulver
- 230 g geröstete Paprikaschoten (Glas), abgetropft
- 100 g Feta, zerbröselt
- 1 rote Zwiebel, halbiert
- 1 Knoblauchzehe
- ½ rote Chilischote
- 3 rote Spitzpaprikaschoten, in Stücken
- 1 EL natives Olivenöl extra
- 1000 g Wasser
- 2 TL Gemüse-Gewürzpaste
- 600 g Blumenkohl, in Röschen
- 20 g Mandelmus
- 20 g Orangensaft
- 1 EL Stärke

AUSSERDEM

- Küchengarn

1 Die Putenbrust seitlich längs einschneiden und auseinanderklappen. Jetzt nochmals von der Mitte her bis zum Rand flach einschneiden und auseinanderklappen, sodass eine rechteckige Fläche entsteht. Fleisch mit Frischhaltefolie abdecken, etwas flach klopfen und auf beiden Seiten mit ¼ TL Salz und 2 Prisen Pfeffer würzen.

2 Frischkäse, Ajvar, ½ TL Salz, 2 Prisen Pfeffer sowie 1 TL Paprikapulver in den geben und **10 Sek.** | **Stufe 4** verrühren. Die Putenbrust mit dem Frischkäsemix bestreichen, mit den abgetropften Paprikaschoten belegen und mit Feta bestreuen.

3 Die Seiten leicht einklappen und die Roulade von der kurzen Seite her möglichst eng aufrollen. Roulade mit Küchengarn zusammenbinden, in den tiefen Dampfgaraufsatz legen, diesen mit dem Deckel verschließen.

4 Zwiebel, Knoblauch sowie Chilischote in den geben und **5 Sek.** | **Stufe 8** zerkleinern. Spitzpaprika zufügen und **4 Sek.** | **Stufe 6** zerkleinern. Mit dem nach unten schieben, Öl zugeben und **2 Min.** | dünsten. Wasser und Gewürzpaste zugeben, Dampfgaraufsatz aufsetzen und die Roulade **55 Min.** | garen.

5 Blumenkohl auf dem flachen Dampfgaraufsatz verteilen und diesen nach Garzeitende in den tiefen Dampfgaraufsatz einsetzen. Alles **15 Min.** | fertig garen. Dabei die Aufheizzeit abbrechen

6 Dampfgaraufsatz vorsichtig zur Seite stellen und ca. 200 g Garflüssigkeit abgießen. ½ TL Paprikapulver, je 3 Prisen Salz und Pfeffer, Mandelmus, Orangensaft sowie Stärke zur Soße geben und **10 Sek.** | **Stufe 8** pürieren. Soße **2 Min.** | **Stufe 1** | **100 °C** erhitzen. Putenroulade in Scheiben schneiden und zusammen mit Blumenkohl und Soße servieren.

Italienische Antipasti mit Halloumi und Reis

00 25 std : min

LOW CARB LOW FAT

PRO PORTION: 764 KCAL | 27 G E | 39 G F | 63 G KH

ZUTATEN FÜR 4 PERSONEN

- 20 g Petersilienblättchen
- 20 g Basilikumblättchen
- 1 Knoblauchzehe
- 25 g natives Olivenöl extra
- 50 g getrocknete Tomaten in Öl
- Abrieb von ½ unbehandelten Zitrone
- Salz
- frisch gemahlener schwarzer Pfeffer
- 250 g Halloumi, geviertelt
- 2 Zucchini, längs geviertelt und in Stücken
- 400 g bunte Mini-Paprikaschoten
- 1500 g Wasser
- 250 g Parboiled-Reis
- 40 g schwarze Oliven, entsteint
- 20 g Pinienkerne

AUSSERDEM

- Küchengarn

1 Petersilie, Basilikum sowie Knoblauch in den geben und **6 Sek.** | **Stufe 8** zerkleinern. Olivenöl, 1 TL Tomatenöl, Zitronenabrieb, ½ TL Salz sowie 3 Prisen Pfeffer zugeben und alles **5 Sek.** | **Stufe 5** verrühren. Die Marinade umfüllen.

2 Die 4 Stücke Halloumi jeweils auf ein Stück Backpapier setzen. Je ½ TL Marinade auf den Käse geben, die Päckchen mithilfe von Küchengarn wie ein Bonbon verschließen und auf den flachen Dampfgaraufsatz legen.

3 Zucchinistücke und Mini-Paprika im tiefen Dampfgaraufsatz verteilen, den flachen Dampfgaraufsatz einsetzen und diesen mit dem Deckel verschließen. Den Kocheinsatz einhängen, Reis einwiegen, unter fließendem Wasser abspülen und wieder einsetzen. Das Wasser und 1 TL Salz in den füllen, Dampfgaraufsatz aufsetzen und alles **15 Min.** | garen.

4 Dampfgaraufsatz vorsichtig zur Seite stellen und den Kocheinsatz mithilfe des herausheben. Den leeren, abgetropfte getrocknete Tomaten mit Oliven einfüllen und **6 Sek.** | **Stufe 8** zerkleinern. 2 TL Marinade, Pinienkerne sowie Reis zufügen und **8 Sek.** | | **Stufe 3** vermischen.

5 Restliche Marinade mit dem Gemüse in eine Schüssel geben und ebenfalls vermischen. Das Gemüse zusammen mit dem Reis und den Halloumipäckchen servieren.

>**INFO** Bitte verwendet, wie im Rezept angegeben, unbedingt Backpapier statt Alufolie, um den Halloumi darin zu garen. Das im Käse enthaltene Salz könnte nämlich das Metall aus der Folie lösen und dieses dann in den Halloumi übergehen. Das Garen im Backpapier ist hingegen vollkommen unbedenklich – und außerdem viel besser für die Umwelt!

Basis REZEPTE

RATGEBER

GUT GEMIXT

Für unsere All-in-one-Gerichte haben wir immer gern ein paar hausgemixte Basics im Vorrat, die den Speisen feine Würze oder eine besondere Textur verleihen

3 Basics FÜR EURE KÜCHE

Eine gut ausgestattete Vorratskammer enthält einige Grundzutaten, die beim traditionellen Kochen wertvoll sind, weil sie genau die Ergebnisse erzielen, die ihr euch vorgestellt habt.

1 **Hausgemachte Gewürzpasten** aus Gemüse oder eine fruchtig-scharfe **Ajvarpaste** verwenden wir gern, um den Speisen eine gute Grundwürze mitzugeben.

2 **Selbst hergestelltes Panko oder Paniermehl** geben wir an Hackfleisch, um Feuchtigkeit zu binden und Frikadellenmasse formbar zu machen. Alternativ stellen wir daraus Knusperpanaden her.

3 **Stärke** aus Mais oder Kartoffeln hilft beim Binden von Soßen und macht diese sämiger. 2 TL mit etwas von der Speise-Flüssigkeit verrührt und zurück an die Gesamtmasse gegeben, genügen meist schon, um die Soße deutlich cremiger zu machen.

PANIERMEHL

Werft keine Brötchen- oder Brotreste weg – im Monsieur Cuisine stellt ihr daraus nämlich euer eigenes Paniermehl her. Auch neutrale Sauerteigbrotreste (ab Seite 44) eignen sich gut. Tipp: Schneidet Brot in Würfel, noch ehe es steinhart getrocknet ist, und lasst diese Würfel aushärten. Später ist das Brot sonst kaum noch zu schneiden und für das Zerkleinern im braucht ihr es in Stücken.

Für 100 g Paniermehl:
100 g altbackene Brötchen oder trockene Brotscheiben in den trockenen und sauberen geben und **20 Sek. | Stufe 8** zerkleinern. In ein Schraub- oder anderes Vorratsglas füllen. Trocken und kühl gelagert hält es sich bis zu 3 Monate.

PANKO

Dieses Paniermehl stammt aus der japanischen Küche und besteht aus Brotkrumen. Dafür wird Weißbrot ohne Rinde verarbeitet, daher ist Panko heller als die meisten Panierungen, die wir kennen. Panko wird genau wie Paniermehl verwendet.

Für 200 g Panko: 200 g Toastbrot entrinden und in Stücke schneiden, dann in den geben und **20 Sek. | Stufe 4** grob zerkleinern. Das zerkleinerte Toastbrot auf einem Backblech ausbreiten und 1–2 Tage an der Luft trocknen lassen. Anschließend trocken und luftdicht aufbewahren.

Fotos: StockFood / Jan-Peter Westermann (1), Clive Streeter (1), Gräfe & Unzer Verlag / Wolfgang Schardt (1); Archiv (1)

SO BLEIBT'S HEISS

Oft zaubert ihr bei All-in-one-Gerichten im letzten Schritt eine Soße im . Haltet währenddessen die bereits fertig gegarten Speisen in Kocheinsatz und Dampfgaraufsatz warm, indem ihr sie mit einem Geschirrtuch – oder noch praktischer mit der passenden „MiPla®"-Warmhaltehaube – abdeckt. Ab 34,90 Euro, www.zaubertopf-shop.de

GRÜNES AJVAR

Den Ajvar-Reis zu den Hackbällchen auf Seite 63 würzen wir mit grünem Ajvar. Die leckere Paprikapaste könnt ihr ganz leicht selbst mixen, statt sie zu kaufen!

Für 1 Glas à 350 ml: 20 g Petersilienblättchen in den geben, **6 Sek. | Stufe 8** zerkleinern. ½ Zwiebel, 1 Knoblauchzehe und 1 entkernte grüne Chilischote zufügen, **6 Sek. | Stufe 8** zerkleinern. Mit dem nach unten schieben. 3 grüne Paprikaschoten in Stücken mit 30 g Olivenöl zugeben und **5 Min. |** dünsten. 1 TL braunen Zucker, ½ TL hellen Balsamico, ½ TL Salz und 2 Prisen frisch gemahlenen Pfeffer zufügen, **15 Min. | Stufe 1 | 90 °C** köcheln. Dann **10 Sek. | Stufe 8** pürieren. Das Ajvar in sterile Schraubgläser füllen, abkühlen lassen und kühl und trocken lagern. So bleibt es einige Wochen haltbar.

AB INS GLAS!

Frisches Gemüse vom Wochenmarkt könnt ihr mit wenigen Handgriffen und den Einmachgewürzen von Ostmann geschmackvoll haltbar machen. Wir zeigen euch, wie's geht und was ihr mit den Schätzen im Glas kochen könnt!

Ratatouille im Glas

00 30 std : min

LOW CARB | LOW FAT

PRO PORTION (100 G): 27 KCAL | 1 G E | 0 G F | 5 G KH

ZZGL. 12 STD. RUHEZEIT

ZUTATEN FÜR 6 GLÄSER À 600 ML

- **1100 g Wasser**
- **70 g Salz**
- **1 Aubergine, längs halbiert und in Scheiben geschnitten**
- **1 Zucchini, in Scheiben**
- **2 Zwiebeln, in Streifen**
- **400 g Kirschtomaten**
- **1 rote und 1 gelbe Paprikaschote, in Streifen**
- **6 Knoblauchzehen , halbiert**
- **350 g Weinessig**
- **140 g Zucker**
- **6 Lorbeerblätter**
- **3 TL „Herzhaftes Einmachgewürz"**

1 | 700 g Wasser mit 60 g Salz mischen. Das Gemüse darin 12 Std. einlegen. Abgießen, abtropfen lassen und in die Gläser füllen.

2 | 400 g Wasser, Essig, 10 g Salz sowie Zucker in den [Topf] geben und **12 Min. | Stufe 2 | 100 °C** aufkochen lassen.

3 | Den heißen Essigsud über das Gemüse gießen und die Gläser mit Deckeln verschließen. Das eingemachte Ratatouille vor dem Verzehr mind. 4 Wochen durchziehen lassen.

WÜRZWUNDER

Mit dem „Herzhaften Einmachgewürz" von Ostmann ist das Gemüse sofort perfekt abgeschmeckt – ihr findet es im Ostmann-Gewürzregal in eurem Supermarkt oder im Online-Shop unter www.ostmann.de

One-Pot-Ratatouille-Pasta

00 30 std : min

LOW CARB LOW FAT

PRO PORTION: 482 KCAL | 18 G E | 10 G F | 81 G KH

ZUTATEN FÜR 4 PERSONEN

- 50 g Parmesan, in Stücken
- 1 Zwiebel, halbiert
- 1 Knoblauchzehe
- 20 g natives Olivenöl extra
- 1 EL Tomatenmark
- 750 g Wasser
- 1 TL Salz
- ½ TL frisch gemahlener schwarzer Pfeffer
- 1 TL getrocknete italienische Kräuter
- 400 g stückige Tomaten (Dose)
- 400 g Penne
- 150 g eingemachtes Ratatouille (siehe linke Seite)

1 | Parmesan im Mixtopf **8 Sek. | Stufe 10** zerkleinern, umfüllen. Zwiebel und Knoblauch im Mixtopf **5 Sek. | Stufe 8** zerkleinern, mit dem Spatel nach unten schieben. Öl mit Tomatenmark zufügen, **3 Min. | Stufe 2 | 120 °C** andünsten. Wasser, Salz, Pfeffer, Kräuter und Tomaten in den Mixtopf geben, **9 Min. | Stufe 2 | 100 °C** aufkochen.

2 | Nudeln in den Mixtopf geben und **nach Packungsangabe | Linkslauf | Stufe 1 | 100 °C** garen. Eingemachtes Ratatouille zufügen, unterrühren und **2 Min. | Linkslauf | Stufe 1 | 100 °C** weitergaren. Die Pasta auf Tellern anrichten und mit Parmesan bestreut servieren.

SATTMACHER FÜR

KLEINE HELDEN

Von schnell bis sensationell – für knurrende Kindermägen haben wir drei Ideen, die euren Kids neue Power verleihen!

Rezepte: Vera Schubert
Fotos & Styling: Désirée Peikert

Thunfisch-Spaghetti
Rezept siehe rechte Seite

Für die Kids

FIX

Thunfisch-Spaghetti

00 25 std : min

LOW CARB LOW FAT

PRO PORTION: 486 KCAL | 27 G E | 11 G F | 71 G KH

ZUTATEN FÜR 4 PERSONEN

- **400 g Spaghetti**
- **Salz**
- **1 Zwiebel, halbiert**
- **1 Knoblauchzehe, halbiert**
- **20 g natives Olivenöl extra**
- **400 g stückige Tomaten (Dose)**
- **3 TL getrocknete italienische Kräuter**
- **3 Prisen frisch gemahlener schwarzer Pfeffer**
- **195 g Thunfisch (Dose) in eigenem Saft, abgetropft**

1 | In einem Kochtopf reichlich Salzwasser aufkochen und die Spaghetti bissfest garen. Inzwischen Zwiebel mit Knoblauch in den Mixtopf geben und **5 Sek.** | **Stufe 8** zerkleinern. Mit dem Spatel nach unten schieben. Olivenöl zufügen und **3 Min.** | Anbraten andünsten. Tomaten, Kräuter, ¾ TL Salz und Pfeffer zugeben und **8 Min.** | **Stufe 2** | **100 °C** garen. Thunfisch mit dem Spatel unterrühren und **2 Min.** | Linkslauf | **Stufe 2** | **95 °C** weitergaren. Die Soße abschmecken.

2 | Spaghetti in den Kocheinsatz oder Dampfgaraufsatz abgießen. Spaghetti mit Thunfischsoße auf Tellern anrichten und servieren.

> **TIPP** Dieses Gericht steht in 25 Minuten auf dem Tisch. Darüber hinaus sind die Zutaten allesamt lange haltbar. Habt sie am besten immer im Vorratsschrank, sodass ihr das neue Lieblingsgericht eurer Kids auch spontan kochen könnt. Nach Belieben mit etwas Parmesan und Tomaten garnieren.

Illustrationen: iStock / Getty Images Plus / Oksana Stepova (1)

Überbackener Blumenkohl

00 45 std : min

LOW CARB LOW FAT

PRO PORTION: 417 KCAL | 26 G E | 25 G F | 28 G KH

ZUTATEN FÜR 4 PERSONEN

- **200 g Emmentaler, in Stücken**
- **1000 g Wasser**
- **1500 g Blumenkohl, in Röschen**
- **250 g Milch**
- **½ TL Gemüse-Gewürzpaste**
- **2 Prisen frisch gemahlener schwarzer Pfeffer**
- **1 Prise frisch geriebene Muskatnuss**
- **30 g Weizenmehl Type 405**
- **30 g Butter**
- **Blättchen von 2 Stielen Petersilie zum Garnieren, gehackt**

AUSSERDEM
- **Auflaufform (ca. 25 × 30 cm)**

1 | Emmentaler Mixtopf **10 Sek.** | **Stufe 8** zerkleinern, umfüllen. Wasser in den Mixtopf füllen. Tiefen Dampfgaraufsatz aufsetzen, Blumenkohl darin verteilen. Den Deckel auflegen und den Kohl **15 Min.** | Dampfgaren garen.

2 | Backofen auf 200 °C Umluft vorheizen. Dampfgaraufsatz absetzen und Blumenkohl in der Auflaufform verteilen. Mixtopf leeren, dabei 300 g Garflüssigkeit auffangen und zurück in den Mixtopf geben. Milch mit Gewürzpaste zugeben, **3 Min.** | **Stufe 1** | **100 °C** erhitzen. Pfeffer, Muskat, Mehl und Butter zugeben, die Soße **4 Min.** | **Stufe 3** | **90 °C** garen Die Soße über die Blumenkohlröschen gießen, mit Käse bestreuen und im heißen Ofen 10–15 Min. gratinieren. Mit Petersilie garniert servieren.

> **INFO** Die Zubereitung dauert nur etwa 10 Minuten. Den Rest der Arbeitszeit übernehmen der Monsieur und der Backofen für euch.

Für die Kids

Pizzaschnecken-Kuchen

Rezept siehe rechte Seite

Pizzaschnecken-Kuchen

01 | 00 std : min

LOW CARB · LOW FAT

PRO STÜCK: 166 KCAL | 7 G E | 6 G F | 21 G KH

ZZGL. 1 STD. RUHEZEIT

ZUTATEN FÜR 12 STÜCKE

FÜR DEN TEIG

- **200 g Wasser**
- **20 g frische Hefe**
- **1 TL Zucker**
- **300 g Weizenmehl Type 405**
- **Salz**
- **1 EL natives Olivenöl extra**

FÜR DEN BELAG

- **75 g Parmesan, in Stücken**
- **1 Zwiebel, halbiert**
- **1 Knoblauchzehe**
- **1 EL natives Olivenöl extra**
- **200 g stückige Tomaten (Dose)**
- **1 TL getrocknete italienische Kräuter**
- **3 Prisen frisch gemahlener schwarzer Pfeffer**
- **125 g Mozzarella, in Würfeln**
- **Blättchen von 2 Stielen Basilikum**

AUSSERDEM

- **Springform (Ø ca. 28 cm)**

1 | Für den Teig Wasser, Hefe und Zucker in den geben und **2 Min. | Stufe 2 | 37°C** erwärmen. Mehl, 1 TL Salz sowie Olivenöl zufügen und **2 Min. |** verkneten. Den Teig zu einer Kugel formen, mit einem Küchentuch abdecken und an einem warmen Ort 30 Min. ruhen lassen. Den spülen und trocknen.

2 | Für den Belag den Parmesan in den geben und **10 Sek. | Stufe 10** zerkleinern. Umfüllen und beiseitestellen.

3 | Zwiebel und Knoblauch in den geben, **5 Sek. | Stufe 8** zerkleinern. Mit dem nach unten schieben. Olivenöl zufügen und ohne Messbecher **3 Min. |** dünsten. Tomaten, Kräuter, ½ TL Salz und Pfeffer zugeben und alles **15 Min. | Stufe 1 | 95°C** garen. Dann **30 Sek. | Stufe 8** pürieren und etwas abkühlen lassen.

4 | Hefeteig auf einer bemehlten Arbeitsfläche zu einem Rechteck (ca. 35 × 40 cm) ausrollen. Mit Tomatensoße bestreichen, mit Mozzarella und Parmesan bestreuen, dabei 2 EL Parmesan beiseitestellen. Den Teig von der langen Seite her aufrollen, dann in 12 gleich große Scheiben schneiden.

5 | Den Boden der Springform mit Backpapier auslegen. Die Pizzaschnecken mit einer der offenen Seiten nach oben dicht nebeneinander in die Form setzen, abdecken und an einem warmen Ort erneut 30 Min. gehen lassen. Backofen auf 180 °C Umluft vorheizen.

6 | Pizzaschnecken mit dem restlichen Parmesan bestreuen und im heißen Ofen ca. 30 Min. backen. Vor dem Servieren mit den Basilikumblättchen garnieren.

>**TIPP** Die Schnecken zum Einfrieren abkühlen lassen, voneinander trennen und einzeln verpacken. Zum Auftauen im Backofen kurz aufbacken.

COMMUNITY

NEWS

Die spannendsten Neuigkeiten, Fragen, Antworten und Ideen aus der Welt des Monsieur Cuisine

DER MONSIEUR IN EURER KÜCHE

Als es den Monsieur Cuisine Trend zu kaufen gab, haben wir euch dazu aufgerufen, zu zeigen, welches Modell in eurer Küche steht.

Esther zeigt uns, wie ihr Monsieur Cuisine Connect, den sie mit Stickern individuell verziert hat, sich perfekt in ihren Arbeitsablauf integriert. *Wie man sieht, liebe Esther, hast du alles griffbereit, was bei einer Kochsession benötigt wird – klasse!*

Stefanie hat die doppelte Mix-Power in ihrer Küche! Hier strahlen ein Connect und ein Monsieur Cuisine Trend um die Wette und kochen im Duett. *Das haben wir außerhalb unserer Testküche auch noch nicht oft gesehen, liebe Stefanie! Wie praktisch, wenn Hauptspeise und Dessert gleichzeitig gemixt werden können, oder!?*

WIE SIEHT'S IN EURER KÜCHE AUS?

Macht einen Schnappschuss des Monsieur in eurer Küche und schickt ihn an redaktion@zaubertopf.de mit dem Betreff „Mein MC". In der nächsten Ausgabe von **monsieur cuisine** stellen wir eure neuen Einsendungen vor!

GUTE FRAGE …

Liebes **mein ZauberTopf**-Team, ich habe aus der kalten Jahreszeit jede Menge braunen Kandiszucker übrig, für den ich aktuell keine Verwendung habe. Kann ich die Kandisstücke im Monsieur zu braunem Zucker zerkleinern, wie man ihn z. B. für viele Cocktailrezepte benötigt?

UNSERE ANTWORT …

Das ist eine tolle Idee und ja, das geht! Gib den Kandis – immer nur 200 g pro Mixvorgang – in den und zerkleinere ihn grob **10–15 Sek. | Stufe 8**. Jetzt kannst du mit dem Zucker anstelle von Rohrzucker Caipirinha und Mojito mixen!

Alternativ den Kandis im **40 Sek. | Stufe 10** pulverisieren und im Anschluss wie Puderzucker verwenden.

HINTER DEN KULISSEN

Unsere leckeren Rezepte und Fotos entstehen für jede Ausgabe des monsieur cuisine Magazins neu. Hier wartet gerade der süße Einhornkuchen von Seite 102 darauf, ins rechte Licht gerückt zu werden. Die zauberhaften Ideen fürs Kinderfest, die ihr ab Seite 98 findet, haben es unserem Fototeam besonders angetan. Die Schablone für das Einhorn – und für andere schöne Figuren – findet ihr zum Herunterladen auf unserer Webseite. Mehr dazu direkt beim Kuchenrezept!

UNSERE LESERUMFRAGE

Wie gefällt euch **monsieur cuisine by mein ZauberTopf**? Welche Rezepte kocht ihr nach? Welche Fragen sollten wir mal genauer beantworten? Habt ihr Wünsche, die wir erfüllen können? Wir freuen uns, wenn ihr euch ein paar Minuten Zeit nehmt, um an unserer kurzen Leserumfrage teilzunehmen. Wir sagen schon jetzt: vielen Dank!

Hier könnt ihr direkt und ganz unkompliziert teilnehmen: **www.zaubertopf.de/mc-umfrage22**

Scan mich

Fotos: iStock / Getty Images Plus / Eva-Katalin (1), Andrey Zhuravlev (1), vikif (1) Alexander Lyakhovskiy (1); Privat (3) | Illustrationen: iStock / Getty Images Plus / Valentin Amosenkov (1)

Ratespaß

Entspannt auf der Terrasse sitzen und die Beine lang machen – dabei könnt ihr jetzt unser Sommerrätsel lösen und mit etwas Glück das Family-Koch-Set gewinnen!

FAMILY-KOCH-SET
im Wert von
50 €

sibir. Sumpf-, Wald-gebiet		kleine Krebse (ital.)		Aperitif (Kw.)	Fluss zum Kaspi-schen Meer	Außer-irdischer in einer TV-Serie		König der engl. Sage	Ausruf ausge-lassener Freude	Produkt der Land-wirtschaft
Fleisch-sülze						langsam, bewe-gungsbe-hindert	4			
Hoch-geschwin-digkeits-zug				abhängig						3
fertig gekocht				chines. Kochtopf		Wild-gericht	Vorname des Schausp. Schweiger			
	6						Insel-europäer		Ohrring in Ringform	
russ. Tee-maschine	das eigene Ich		gegorener Honigsaft		nord-westdt.: garstig					
							2	Anhalte-strecke (Kfz.)		schwed. Kinder-buch-autorin
Rückfahrt		Frühjahrs-gemüse		engl. Komiker (Mr. ...)	dt. Gegner von Bismarck					5
				7			franz.: König			
wertvoll	russischer Schnaps		militä-rischer Eh-rengruß		erheben, verfeinern					
schwedi-sches Kö-nigsge-schlecht					Hab-, Raffsucht		Abk.: Medizin		8	
Zitrus-frucht							Kfz.-Z.: Göttingen		Ort in Gelderland (NL)	
der-gleichen (Abk.)		1		trop. Gewürz-pflanze		9				
Schlag-waffe						langweilig			10	
Biersorte				tadeln						

LÖSUNGSWORT:

1	2	3	4	5	6	7	8	9	10

JETZT GEWINNEN!

Das Lösungswort unter www.zaubertopf.de/family-verlosung eintragen und so an der Verlosung unseres schicken Family-Koch-Sets teilnehmen!

Das 3-teilige Set enthält das Kochbuch „Einfache Familienküche", eine Aufbewahrungsdose Größe L und eine „Lunchbag To Go" im Gesamtwert von rund 50 Euro.

HIER GEHT'S ZUR VERLOSUNG:

Spargel mit Kartoffeln, Lachs und Kräuter-Hollandaise

Rezept siehe Seite 80

Endlich wieder da

SAISON

SPARGEL

Einfach spitze: Die Erntezeit des heimischen Spargels hat begonnen. Um die Saison voll auszukosten, bereiten wir die edlen Stangen fünfmal anders zu

Rezepte: Isabel Prinz | Fotos & Styling: Kathrin Knoll

Es duftet so gut NACH FRÜHLING!

Spargellasagne
Rezept auf Seite 80

Spargel-Kartoffel-Salat Sylter Art

00 40
std : min

PRO PORTION: 393 KCAL | 7 G E | 27 G F | 32 G KH

ZUTATEN FÜR 4 PORTIONEN

- **1000 g Wasser**
- **Salz**
- **500 g festkochende Kartoffeln, geschält und in Scheiben**
- **250 g weißer Spargel, geschält und in Stücken**
- **250 g grüner Spargel, in Stücken, unteres Drittel geschält**
- **Zucker**
- **1 Zwiebel, halbiert**
- **1 Knoblauchzehe**
- **150 g Joghurt**
- **frisch gemahlener schwarzer Pfeffer**
- **1 TL mittelscharfer Senf**
- **100 g Rapsöl**
- **20 g Kräuteressig**
- **Blättchen von 4 Zweigen Thymian**
- **2 Frühlingszwiebeln, in Ringen**
- **150 g Kirschtomaten, halbiert**

1 Wasser mit 1 TL Salz in den füllen, den tiefen Dampfgaraufsatz aufsetzen und die Kartoffelscheiben darin verteilen. Den flachen Dampfgaraufsatz einsetzen, den Spargel darauf verteilen und mit je 1 Prise Salz sowie Zucker bestreuen. Mit dem Deckel verschließen und das Gemüse **20 Min.** | garen.

2 Den Dampfgaraufsatz vorsichtig absetzen und beiseitestellen. Den leeren. Zwiebel und Knoblauch im **5 Sek.** | **Stufe 8** zerkleinern und mit dem nach unten schieben.

3 Joghurt mit ½ TL Salz, ¼ TL Pfeffer sowie Senf in den geben und **2 Min.** | **Stufe 4** einstellen. Währenddessen Rapsöl auf den Deckel gießen und am Messbecher vorbei in den laufen lassen. Essig, 1 TL Zucker und Thymian zugeben und **5 Sek.** | **Stufe 6** verrühren.

4 Das Dressing mit den Spargelstücken, den Kartoffelscheiben, den Frühlingszwiebeln und den Kirschtomaten in eine große Schüssel geben und vorsichtig durchmischen. Anschließend auf vier Teller verteilen und servieren.

>DRESSINGKLASSIKER Das besondere am Salatdressing Sylter Art ist seine herrliche Joghurtfrische kombiniert mit frischen Kräutern und Knoblauch. Ihr könnt das schnell gemixte Dressing auch für Blatt- oder Nudelsalate zubereiten. In ein Schraubglas abgefüllt bleibt es im Kühlschrank 2–3 Tage frisch.

Vegetarischer Spargelauflauf

00 50
std : min

PRO PORTION: 538 KCAL | 20 G E | 33 G F | 42 G KH

ZUTATEN FÜR 4 PERSONEN

- **120 g Gouda, in Stücken**
- **1000 g Wasser**
- **700 g Kartoffeln, geschält und in Scheiben**
- **1000 g weißer Spargel, geschält**
- **100 g Kirschtomaten, halbiert**
- **1 Schalotte, halbiert**
- **20 g natives Olivenöl extra**
- **200 g Sahne**
- **2 Eier**
- **1 Prise frisch geriebene Muskatnuss**
- **Salz**
- **frisch gemahlener schwarzer Pfeffer**
- **Blättchen von 2 Stielen Petersilie, gehackt**

AUSSERDEM
- **Auflaufform (ca. 25 × 30 cm)**

1 Käse in den geben, **8 Sek.** | **Stufe 8** zerkleinern und umfüllen. Backofen auf 200 °C Ober-/Unterhitze vorheizen.

2 Wasser in den einwiegen. Den Kocheinsatz in den einhängen und die Kartoffeln darin verteilen, diese mit ½ TL Salz würzen. Den Spargel in den tiefen Dampfgaraufsatz geben, ebenfalls mit ½ TL Salz würzen, den Dampfgaraufsatz geschlossen aufsetzen und den Spargel **10 Min.** | garen. Den Dampfgaraufsatz abnehmen und beiseitestellen. Den Kocheinsatz mithilfe des entnehmen. Den leeren und trocknen.

3 Die Kartoffeln mit dem Spargel in eine Auflaufform schichten und mit den halbierten Kirschtomaten belegen.

4 Schalotte im **5 Sek.** | **Stufe 8** zerkleinern, mit dem nach unten schieben. Das Olivenöl zugeben und **2 Min.** | **Stufe 1** | **100 °C** andünsten.

5 Sahne, Eier, Muskat, 1 TL Salz und 3 Prisen Pfeffer in den geben und alles **15 Sek.** | **Stufe 4** vermengen. Die Masse über das Gemüse geben, mit dem zerkleinerten Gouda bestreuen und ca. 25 Min. backen, bis der Käse eine goldene Kruste bildet. Den Auflauf aus dem Ofen nehmen, mit Petersilie bestreuen und servieren.

HERRLICH WÜRZIG
und leicht gemixt

Für die perfekte Konsistenz gart ihr Spargel und Kartoffeln in Kocheinsatz und Dampfgaraufsatz vor, im zerkleinert ihr den Käse zum Überbacken und bereitet die Soße zu. Ihr benötigt also nur euren Monsieur und eine Auflaufform. So bleibt die Küche sauber – und ihr ganz entspannt!

Spargellasagne

01 20
std : min

LOW CARB LOW FAT

PRO PORTION: 613 KCAL | 15 G E | 42 G F | 45 G KH

ZUTATEN FÜR 6 PERSONEN

- **50 g gemischte Kräuter (z.B. Basilikum, Oregano, Petersilie) zzgl. etwas mehr zum Garnieren**
- **100 g Milch**
- **250 g Mascarpone**
- **Abrieb von ½ unbehandelten Zitrone**
- **Salz**
- **frisch gemahlener schwarzer Pfeffer**
- **1 Zwiebel, halbiert**
- **2 Knoblauchzehen**
- **3 EL natives Olivenöl extra zzgl. etwas mehr zum Fetten**
- **80 g Schinkenwürfel**
- **1 Aubergine, in Würfeln**
- **800 g stückige Tomaten (Dose)**
- **Blättchen von 2 Stielen Thymian**
- **1 Prise Zucker**
- **800 g weißer Spargel, geschält**
- **12 Lasagneplatten**
- **200 g Mozzarella, gerieben**

1 Die Kräuter in den geben, **5 Sek. | Stufe 8** zerkleinern und mit dem nach unten schieben. Die Milch zugießen und alles **30 Sek. | Stufe 8** pürieren. Mascarpone, Zitronenabrieb, ½ TL Salz sowie ¼ TL Pfeffer zu der Kräutermilch in den geben und **5 Sek. | Stufe 5** verrühren. Kräutermascarpone umfüllen, den spülen und trocknen.

2 Zwiebel und Knoblauch im **5 Sek. | Stufe 8** zerkleinern und mit dem nach unten schieben. Olivenöl mit Schinkenwürfeln zugeben und **4 Min. | | Stufe 1 | 120 °C** andünsten. Aubergine zufügen und **4 Min. | | Stufe 1 | 120 °C** mitdünsten.

3 Tomaten, Thymian, Zucker, 1 TL Salz und ½ TL Pfeffer in den geben. Den Spargel im tiefen Dampfgaraufsatz verteilen und diesen auf den setzen. Den Deckel schließen und alles **15 Min. | Stufe 1 | 120 °C** garen. Inzwischen den Backofen auf 220 °C Ober-/Unterhitze vorheizen. Eine Auflaufform mit etwas Öl einfetten.

4 Den Dampfgaraufsatz abnehmen und beiseitestellen. Etwas Auberginensoße in die vorbereitete Auflaufform geben, verstreichen und mit einer Schicht Lasagneplatten bedecken. Darauf etwas Kräutermascarpone verteilen, dann eine Lage Spargel daraufgeben und diesen wieder mit etwas Auberginensoße bedecken. Auf diese Weise weiterschichten und mit einer Schicht Kräutermascarpone abschließen.

5 Die Lasagne mit dem Mozzarella bestreuen und im vorgeheizten Ofen ca. 30 Min. goldbraun überbacken. Die Lasagne herausnehmen, kurz ruhen lassen und servieren. Nach Belieben mit Kräutern garnieren.

Spargel mit Kartoffeln, Lachs und Kräuter-Hollandaise

00 50
std : min

LOW CARB LOW FAT

PRO PORTION: 706 KCAL | 40 G E | 42 G F | 44 G KH

ZUTATEN FÜR 4 PERSONEN

- **Spitzen von 5 Stielen Dill**
- **1000 g Wasser**
- **Salz**
- **800 g Kartoffeln, geschält**
- **1200 g weißer Spargel, geschält**
- **1 Prise Zucker**
- **4 Lachsfilets (à ca. 150 g)**
- **frisch gemahlener schwarzer Pfeffer**
- **100 g Butter, in Stücken**
- **1 EL Zitronensaft**
- **2 Eigelb**

1 Dill in den geben, **5 Sek. | Stufe 8** zerkleinern und umfüllen. Das Wasser mit 1 TL Salz in den füllen, die Kartoffeln in den Kocheinsatz legen, diesen einhängen. Spargel im tiefen Dampfgaraufsatz verteilen, mit 1 Prise Salz sowie Zucker bestreuen. Den Dampfgaraufsatz aufsetzen und den Spargel **10 Min. |** garen.

2 Den flachen Dampfgaraufsatz mit einem passenden Bogen Backpapier auslegen. Lachsfilets darauf verteilen und mit ½ TL Salz und ¼ TL Pfeffer würzen. Den Spargel mithilfe des vorsichtig durchmischen. Den flachen Dampfgaraufsatz in den tiefen einsetzen, mit dem Deckel verschließen und alles **15 Min. |** garen. Dabei die Aufheizzeit abbrechen.

3 Dampfgaraufsatz vorsichtig absetzen, Lachs und Spargel warm halten. Den Kocheinsatz mithilfe des entnehmen, die Kartoffeln ebenfalls warm halten. Den leeren, dabei 50 g Garflüssigkeit auffangen.

4 Für die Soße die Butter in den geben und **3 Min. | Stufe 2 | 70 °C** schmelzen, anschließend umfüllen. Den Rühraufsatz einsetzen.

5 Garflüssigkeit, Zitronensaft, Eigelbe, Dill (bis auf etwas zum Garnieren), 1 TL Salz sowie 2 Prisen Pfeffer in den geben und **3 Min. | Stufe 3 | 80 °C** erhitzen. Bei eingesetztem Messbecher die geschmolzene Butter sehr langsam **3 Min. | Stufe 3 | 80 °C** über den Deckel dazugießen, sodass die Flüssigkeit emulgiert.

6 Den Spargel mit Kartoffeln und Lachsfilets auf Tellern anrichten. Mit der Kräuter-Hollandaise und etwas Dill garniert servieren.

> **TIPP** Anstelle des Backpapiers könnt ihr auch eine umweltfreundliche Dauer-Garfolie verwenden, die exakt in den flachen Dampfgaraufsatz passt. Ihr findet sie für 8,95 Euro auf www.zaubertopf-shop.de. Die Folie darf nach dem Gebrauch direkt in die Spülmaschine und kann immer wieder verwendet werden.

Spargelsalat mit Ei

00 45 std : min

LOW CARB LOW FAT

PRO PORTION: 318 KCAL | 19 G E | 24 G F | 8 G KH

ZUTATEN FÜR 4 PERSONEN

- **Blättchen von 4 Stielen Basilikum**
- **1000 g Wasser**
- **500 g weißer Spargel, geschält und in ca. 3 cm langen Stücken**
- **4 Eier**
- **20 g Weißweinessig**
- **30 g natives Olivenöl extra**
- **3 Prisen Salz**
- **2 Prisen frisch gemahlener schwarzer Pfeffer**
- **200 g Kirschtomaten, halbiert**
- **200 g Mini-Mozzarellakugeln**

1 | Basilikumblättchen in den geben, **5 Sek. | Stufe 8** zerkleinern und umfüllen. Wasser in den einwiegen. Den Spargel im tiefen Dampfgaraufsatz verteilen und diesen auf den setzen. Den Deckel schließen und den Spargel **10 Min.** | garen.

2 | Den Dampfgaraufsatz vorsichtig abnehmen und beiseitestellen. Den Kocheinsatz in den einhängen und die Eier hineingeben. Dampfgaraufsatz wieder aufsetzen und Spargel sowie Eier **14 Min.** | garen. Dabei die Aufheizzeit abbrechen.

3 | In der Zwischenzeit den Weißweinessig mit Olivenöl, Salz und Pfeffer zu einer Vinaigrette verrühren.

4 | Den Dampfgaraufsatz abnehmen, die Spargelstangen auf vier Schüsseln verteilen. Den Kocheinsatz mithilfe des entnehmen, 3 Eier vierteln und mit Tomaten und Mozzarellakugeln auf dem Spargel verteilen. Aus dem übrigen Ei das Eigelb herauslösen und hacken. Das Eiweiß in Stücken auf die Schüsseln verteilen.

5 | Den Salat mit der Vinaigrette beträufeln und mit dem gehackten Eigelb sowie Basilikum garniert servieren.

>TIPP Die Garzeit des Spargels hängt von seiner Dicke ab. Deshalb zwischendurch mit einer Gabel probieren, ob er evtl. schon fertig ist oder noch ein paar Minuten braucht. Ihr könnt statt des weißen Spargels auch grünen verwenden – achtet dann auf die verkürzte Garzeit.

RATGEBER

SPARGELTRICKS

Im Monsieur Cuisine gelingen die edlen Stangen immer auf den Punkt. Hier erfahrt ihr, wie ihr sie am besten lagert, verarbeitet, zubereitet und aus ihrer Schale eine feine Suppe zaubert

SPARGEL DAMPFGAREN

1| Bevor ihr den Spargel im Dampfgaraufsatz verteilt, legt entweder den Rühraufsatz oder zwei gekreuzte Spargelstangen auf dessen Boden, damit der Dampf später ungehindert zirkulieren kann.

2| Schichtet anschließend den Spargel locker darauf. Wenn ihr mehr als 1 kg Stangen verarbeiten wollt, verteilt das Gemüse zusätzlich auch auf dem flachen Aufsatz.

3| Gebt 1 TL Salz und ½ TL Zucker über den Spargel. Denn so wird er garantiert nicht bitter und kann sein Aroma voll entfalten.

4| Befüllt den mit 1000 g Wasser und 2 TL Salz. Verschließt den Dampfgaraufsatz mit dem Deckel und setzt ihn auf den . Gart weißen Spargel etwa **20 Min.** | und grünen Spargel etwa **15 Min.** | . Für eine Mischung der zwei Sorten findet ihr einen Geheimtipp unten!

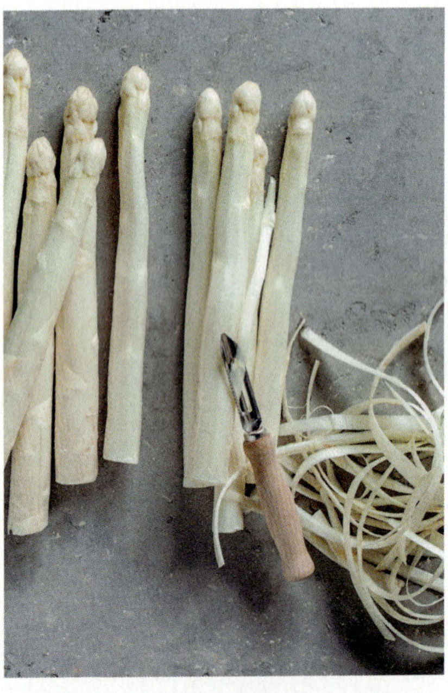

UNSERE TOP-3-GEHEIMTIPPS

✓ Befüllt den immer direkt aus dem Hahn statt aus dem Messbecher mit Wasser. Dabei hilft euch die praktische Markierung im Inneren des .

✓ Wollt ihr weißen und grünen Spargel gleichzeitig zubereiten, vermischt die Sorten nicht, sondern befüllt den tiefen Dampfgaraufsatz zunächst nur mit den weißen Stangen und startet den Garprozess. Verteilt die grünen Stangen danach auf dem flachen Aufsatz und setzt ihn nach etwa 10 Minuten Garzeit in den tiefen ein. So sind beide Sorten gleichzeitig fertig.

✓ Werft die Schale und abgeschnittene Enden des Spargels nicht weg! Ihr könnt daraus noch eine köstliche Suppe zaubern. Das Rezept findet ihr auf der rechten Seite!

KANN ICH EIGENTLICH …

… gekochten Spargel einfrieren?
Leider nein. Dadurch verlieren die Stangen ihr Aroma und ihre Bissfestigkeit. Roher Spargel hingegen kann problemlos ins Tiefkühlfach wandern, wenn er vorher geschält wurde.

… grünen und weißen Spargel 1 : 1 austauschen?
Theoretisch geht das. Da grüner Spargel allerdings schneller gar ist als weißer, gilt es, die Garzeit etwas anzupassen – testet einfach schon früher, ob die grünen Stangen bereits von der Gabel fallen.

… statt frischen Spargel auch eingelegten aus dem Glas verwenden?
Nicht für Rezepte, in denen Spargel gegart wird. Denn die Stangen aus dem Glas sind bereits komplett gekocht. Ihr könnt die Stangen aus dem Glas jedoch in Stücke schneiden und diese kurz vor dem Servieren als Einlage in eure Spargelsuppe geben.

WEISS ODER GRÜN – WO LIEGT DER UNTERSCHIED?

Sie haben viel gemeinsam: Beide Sorten sind ab Mitte April bis zum 24. Juni regional erhältlich. Beide sind low carb und mit 16 Kalorien pro 100 g das ideale Gemüse für alle, die abnehmen möchten. Die Stangen sind zudem außerordentlich gesund.

Weiß

Besonderheiten: Er begeistert mit mildem Aroma. Aufgrund der aufwendigen Ernte ist er etwas teurer als grüner Spargel.

Frischetest: Sind die Spitzen geschlossen, die Stangen prall, fest und glänzend und die Enden weder ausgetrocknet noch bräunlich verfärbt oder hohl, ist es frischer Spargel!

Lagerung: Bewahrt die Stangen ungeschält und in ein sauberes, feuchtes Geschirrtuch eingeschlagen im Gemüsefach eures Kühlschranks auf. Dort bleibt er bis zu 4 Tage frisch. Leicht ausgetrockneten Spargel könnt ihr wieder auffrischen, indem ihr die Enden abschneidet und die Stangen kurz in kaltes Wasser stellt.

Vorbereitung: Schale und Enden von weißem Spargel sind viel härter als die von grünem. Schält ihn deshalb vor dem Garen mithilfe eines Spargelschälers komplett und schneidet etwa 1–2 cm der holzigen Enden ab.

Grün

Besonderheiten: Als Importware ist er ganzjährig erhältlich. Grüner Spargel ist bissfester, intensiver im Geschmack und günstiger als weißer. Und: Er enthält mehr Vitamin A und C sowie Folsäure und dreimal so viele B-Vitamine!

Frischetest: Die Stangen sind fest, weisen keine Rillen auf, die Schnittenden sind nicht ausgetrocknet oder verfärbt? Dann greift zu!

Lagerung: Aufrecht stehend in einem großen Glas. Wichtig: Die Enden dabei in eiskaltes Wasser tauchen und die Köpfe mit Frischhaltefolie oder Bienenwachstuch umwickeln. So bleiben die Stangen im Kühlschrank 3–4 Tage frisch.

Vorbereitung: Schält nur das untere Drittel, sofern es lila-weißlich und hart ist, das angetrocknete Ende dann abschneiden. Bei durchgehend grünem Spargel schneidet nur das Ende fingerbreit ab. Bei sehr dicken Stangen mit harter Schale das untere Drittel schälen.

LEICHTE SAUCE HOLLANDAISE

Für 4 Portionen à 190 kcal | 8 g E | 13 g F | 9 g KH: 30 g Joghurtbutter in der Mikrowelle oder in einem kleinen Topf schmelzen lassen. Rühraufsatz einsetzen, 3 Eigelb, ½ TL mittelscharfen Senf und 100 g Gemüsefond in den geben. **8 Min. | Stufe 3 | 80 °C** aufschlagen. Dann weitere **3 Min. | Stufe 3 | 80 °C** einstellen. Esslöffelweise 10 g Mehl Type 405 , 150 g Joghurt 1,5 % Fett und die geschmolzene Butter durch die Deckelöffnung zugeben. Die Soße mit 1–2 TL Zitronensaft, ½ Salz und 2 Prisen Pfeffer abschmecken und servieren.

SPARGELCREMESUPPE AUS SCHALE

Aroma herauskitzeln: 1000 g Wasser, 2 TL Gemüse-Gewürzpaste und 400 g Spargelreste (Schalen und Endstücke) im **20 Min. | | Stufe 1 | 100 °C** köcheln lassen. Spargelreste durch den Dampfgaraufsatz abgießen und entsorgen. Garflüssigkeit dabei auffangen.

Fein abschmecken: 40 g Butter in den geben und ohne Messbecher **3 Min. | Stufe 1 | 100 °C** schmelzen. 40 g Weizenmehl Type 405 zugeben und **3 Min. | Stufe 2 | 100 °C** mitdünsten. 300 g Garflüssigkeit zugeben und **10 Sek. | Stufe 6** mischen. Übrige Garflüssigkeit, ½ TL Salz, 1 TL Zucker, 1 Prise Muskatnuss sowie 1 TL Zitronensaft zugeben und alles **10 Min. | Stufe 2 | 100 °C** köcheln lassen.

Cremigkeit herstellen: 1 Eigelb mit 100 g Sahne in einer Schüssel verquirlen, zur Suppe in den geben, **3 Min. | Stufe 2 | 80 °C** erwärmen. Suppe abschmecken, auf vier Teller verteilen und mit etwas gehackter Petersilie und schwarzem Pfeffer bestreut servieren.

Fotos: Anna Gieseler (3) Kathrin Knoll 4); iStock / Getty Images Plus / wmaster890 (1)

MIX & GO!

Mixtopf auf und viele gute Zutaten hinein! Ob für die Mittagspause oder den Ausflug: Hier kommen unsere Suppen zum Mitnehmen

Rezepte: Anna-Marie Hilbert

Risoni-Suppe mit Fleischbällchen

00 | 30 std : min

LOW CARB · LOW FAT

PRO PORTION: 431 KCAL | 17 G E | 22 G F | 42 G KH

ZUTATEN FÜR 6 PERSONEN

- **1 Zwiebel, halbiert**
- **2 Knoblauchzehen**
- **20 g Rapsöl zzgl. etwas mehr zum Anbraten**
- **350 g Risoni**
- **1200 g Wasser**
- **3 TL Gemüse-Gewürzpaste**
- **2 TL Salz**
- **½ TL frisch gemahlener schwarzer Pfeffer**
- **300 g Salsiccie (italienische Bratwurst)**
- **200 g Babyspinat**

1 Zwiebel mit Knoblauch im **5 Sek.** | **Stufe 8** zerkleinern und mit dem nach unten schieben. 20 g Öl zufügen und **3 Min.** | andünsten. Risoni, Wasser, Gewürzpaste, Salz und Pfeffer in den geben, **15 Min.** | | **Stufe 1** | **100 °C** kochen.

2 Inzwischen Salsiccie aus den Hüllen lösen und kleine Bällchen daraus formen. Öl in einer Pfanne erhitzen und die Fleischbällchen darin von allen Seiten scharf anbraten.

3 Den Spinat nach und nach in den geben und **5 Min.** | | **Stufe 1** | **90 °C** köcheln lassen. Die Suppe mit den Fleischbällchen servieren oder in verschließbare Gläser abfüllen und fertig mitnehmen.

> TIPP Beim Linkslauf () läuft das Mixmesser entgegen dem Uhrzeigersinn. Seine stumpfe Rückseite verrührt die Zutaten, anstatt sie zu zerkleinern. Entsprechend bleiben eure stückigen Einlagen wie Fleisch und Nudeln im Ganzen in der Suppe. Ihr wählt diese Funktion aus, indem ihr das Mixmesser-Symbol drückt.

Gemüsesuppe mit Kichererbsen

00 35
std : min

LOW CARB LOW FAT

PRO PORTION: 215 KCAL | 9 G E | 5 G F | 37 G KH

ZUTATEN FÜR 4 PERSONEN

- 20 g Petersilienblättchen zzgl. etwas mehr zum Garnieren
- 1 Zwiebel, halbiert
- 2 Knoblauchzehen
- 1 EL natives Olivenöl extra
- 1 Zucchini, in Würfeln
- 4 Karotten, in Würfeln
- 265 g Kichererbsen (Dose), abgetropft
- 400 g stückige Tomaten (Dose)
- 600 g Wasser
- 2 TL Gemüse-Gewürzpaste
- 2 TL getrocknete Kräuter der Provence
- 1 TL Salz
- ½ TL frisch gemahlener schwarzer Pfeffer
- 50 g Couscous

1 Petersilie im Mixtopf **5 Sek.** | **Stufe 8** zerkleinern und umfüllen. Zwiebel mit Knoblauch in den Mixtopf geben, **5 Sek.** | **Stufe 8** zerkleinern. Mit dem Spatel nach unten schieben. Öl zufügen, **3 Min.** | Anbraten andünsten. Zucchini mit Karotten zugeben und **3 Min.** | Anbraten weiterdünsten.

2 Die übrigen Zutaten, bis auf den Couscous, in den Mixtopf geben und alles **15 Min.** | Linkslauf | **Stufe 1** | **100 °C** köcheln lassen.

3 Den Couscous in den Mixtopf geben und in der Suppe **5 Min.** | **Stufe 1** | **90 °C** ziehen lassen. Entweder sofort mit Petersilie garniert servieren oder die Gemüsesuppe in verschließbare Gläser füllen und kalt stellen. Dann die Petersilie in ein Extra-Gefäß geben und später beides zusammen genießen.

>TIPP Durch den Couscous erhält die Suppe eine sättigende Komponente. Bulgur oder Quinoa eignen sich auch prima als Einlage.

Heiß oder kalt: In der schicken isolierten und wiederverwendbaren „Lunchbag To Go" behält euer Mittagessen seine Temperatur. 19,90 Euro, www.zaubertopf-shop.de

Fotos: StockFood/Bauer Syndication (2); Archiv (1)

Superclever: Croûtons und andere Toppings werden im „Jar2Go" separat aufbewahrt. So weicht nichts auf! Ab 19,90 Euro, www.zaubertopf-shop.de

1-Kilo-Tomaten-Suppe aus Ofentomaten

00 45 std : min

LOW CARB LOW FAT

PRO PORTION: 263 KCAL | 4 G E | 21 G F | 15 G KH

ZUTATEN FÜR 4 PERSONEN

- 1 EL Zucker
- 2 Zwiebeln, in Ringen
- 4 Knoblauchzehen
- 1000 g Kirschtomaten
- 4 TL getrocknete italienische Kräuter
- 20 g natives Olivenöl extra
- 200 g Wasser
- 200 g Sahne
- 1 TL Salz
- ½ TL frisch gemahlener schwarzer Pfeffer
- geröstete Pinienkerne zum Garnieren

AUSSERDEM
- Auflaufform (ca. 20 × 30 cm)

1 Den Backofen auf 200 °C Umluft vorheizen. Eine Auflaufform mit Zucker ausstreuen und Zwiebelringe, Knoblauch sowie Tomaten hineingeben. Die Kräuter zwischen die Tomaten legen und alles mit Olivenöl beträufeln. Etwa 30 Min. im Ofen rösten.

2 Tomaten mit allen übrigen Zutaten, bis auf die Pinienkerne, in den Topf geben und **10 Min. | Stufe 1 | 100 °C** kochen. Anschließend **50 Sek. | Stufe 10** pürieren. Suppe mit Salz sowie Pfeffer abschmecken, mit Pinienkernen servieren oder in verschließbare Gläser füllen. Dann Pinienkerne in einem Gefäß aufbewahren und vor dem Verzehr über die Suppe geben.

>**AROMATRICK** Wir garen das Kilo Tomaten mit reichlich Gewürzen im Ofen vor, so bekommt die Suppe ein intensives Röstaroma. Anschließend braucht's nur noch 10 Minuten.

Karottensuppe mit Knuspertopping

00 35
std : min

LOW CARB LOW FAT

PRO PORTION: 388 KCAL | 11 G E | 28 G F | 28 G KH

ZUTATEN FÜR 4 PERSONEN

- 80 g Haselnüsse
- 60 g gemischte Kerne (z. B. Pinien- und Kürbiskerne)
- 1 Zwiebel, halbiert
- 2 Knoblauchzehen
- 30 g natives Olivenöl extra
- 500 g Karotten, in Stücken
- 200 g Kartoffeln, in Stücken
- 600 g Wasser
- 2 TL Gemüse-Gewürzpaste
- 200 g Kokosmilch (Dose)
- 1 TL getrockneter Thymian
- 1 TL Salz
- ½ TL frisch gemahlener schwarzer Pfeffer

1 Den Backofen auf 180 °C Ober-/Unterhitze vorheizen. Ein Backblech mit Backpapier auslegen. Die Haselnüsse im für **5 Sek.** | **Stufe 7** zerkleinern und mit der Kerne-Mischung auf dem Blech verteilen.

2 Zwiebel mit Knoblauch in den geben, **5 Sek.** | **Stufe 8** zerkleinern und mit dem nach unten schieben. Das Öl zufügen und **3 Min.** | andünsten. Karotten mit Kartoffeln zugeben und **3 Min.** | mitdünsten.

3 Übrige Zutaten im **25 Min.** | **Stufe 1** | **100 °C** köcheln lassen. Haselnüsse und Kerne ca. 8 Min. im Ofen rösten, bis sie duften.

4 Die Hälfte der gerösteten Nuss-Kerne-Mischung in den geben und die Suppe **1 Min.** | **Stufe 7–9** aufsteigend pürieren. Suppe mit Nüssen bestreut servieren oder in verschließbare Gläser umfüllen, restliche Haselnüsse und Kerne dann ebenfalls in ein Gefäß geben und später beides zusammen löffeln.

> TIPP Beim aufsteigenden Pürieren stellt ihr die Stufeneinstellung eures Monsieur Cuisine schrittweise immer höher, um zu verhindern, dass die Suppe stark spritzt. Außerdem zerkleinert das Mixmesser auf diese Weise die Zutaten optimal und sorgt für ein cremiges Ergebnis.

Fotos: StockFood/Bauer Syndication (2); Archiv (1)

Blumenkohlcremesuppe mit Brotsticks

01 | 00 std : min

LOW CARB · LOW FAT

PRO PORTION: 670 KCAL | 15 G E | 52 G F | 41 G KH

ZUTATEN FÜR 4 PERSONEN

FÜR DIE BROTSTICKS

* **1 Pck. Blätterteig (Kühlregal, 375 g)**
* **3 EL natives Olivenöl extra**
* **½ TL rosenscharfes Paprikapulver**
* **Salz**
* **frisch gemahlener schwarzer Pfeffer**

FÜR DIE SUPPE

* **100 g Mandeln**
* **1 Blumenkohl, in Röschen**
* **2 Knoblauchzehen**
* **1 Zwiebel, in Stücken**
* **300 g Hafermilch**
* **300 g Wasser**
* **1 TL Gemüse-Gewürzpaste**
* **1 Prise frisch geriebene Muskatnuss**

1 | Den Backofen auf 180 °C Umluft vorheizen und zwei Bleche mit Backpapier auslegen.

2 | Den Blätterteig ausrollen und in ca. 4 cm dicke Streifen schneiden. Das Olivenöl mit Paprikapulver, ¼ TL Salz sowie 2 Prisen Pfeffer in einer Schüssel vermengen und die Blätterteigstreifen damit bepinseln. Die Streifen eindrehen und auf ein Backblech legen.

3 | Für die Suppe die Mandeln und den Blumenkohl auf das zweite Backblech geben und zusammen mit den Brotsticks 15 Min. im vorgeheizten Ofen rösten.

4 | Danach die gerösteten Mandeln in den Mixtopf geben und **7 Sek. | Stufe 8** zerkleinern. Etwas zum Garnieren herausnehmen und beiseitelegen. Blumenkohl und restliche Zutaten für die Suppe mit 1 TL Salz sowie ½ TL Pfeffer zufügen und **20 Min. | Stufe 3 | 95 °C** köcheln lassen. Dann **30 Sek. | Stufe 9** pürieren. Sofort servieren oder in verschließbare Gläser füllen und im Kühlschrank aufbewahren, Brotsticks separat luftdicht verpacken. So hält sich euer Lunch to go einige Tage!

>EXTRA-CRUNCH Die knusprigen selbst gemachten Brotsticks passen auch hervorragend zu Dips oder Kräuterquark.

Schön und praktisch portioniert:
In unseren erprobten Lieblingsdosen könnt ihr eure Suppen auslaufsicher mitnehmen oder kalt stellen, tiefkühlen und dank Entlüftungs-Öffnung sogar in der Mikrowelle wieder aufwärmen! Erhältlich in vier Größen ab 6,95 Euro, www.zaubertopf-shop.de

Fotos: StockFood/Bauer Syndication (1); Archiv (1)

15 MINUTEN

Einfach & lecker

Etwas Gesundes zum Mittag genießen?
Diese 5 Gerichte sind echte Zeitsparer und machen jedem Fertiggericht Konkurrenz!

Rezepte: Vera Schubert & Anna-Marie Hilbert
Fotos: Tina Bumann

EASY

Gnocchisalat mit Pesto-Rosso-Dressing
Rezept auf Seite 94

15 MINUTEN

Quesadillas mit Hackfleisch und Käse

LOW CARB | LOW FAT

PRO PORTION: 659 KCAL | 33 G E | 38 G F | 47 G KH

ZUTATEN FÜR 4 PERSONEN

- 1 Zwiebel, halbiert
- 2 Knoblauchzehen
- 20 g natives Olivenöl extra
- 400 g gemischtes Hackfleisch
- 8 Tortillafladen
- 2 große Tomaten, gewürfelt
- 125 g Kidneybohnen (Dose), abgetropft
- 1 TL Chiliflocken
- 1 TL Salz
- ½ TL frisch gemahlener schwarzer Pfeffer
- 150 g Emmentaler, gerieben

1 Den Backofen auf 100 °C Umluft vorheizen und ein Blech mit Backpapier auslegen.

2 Die Zwiebel mit dem Knoblauch in den geben, **5 Sek. | Stufe 8** zerkleinern und mit dem nach unten schieben. Das Öl mit Hackfleisch zufügen und **8 Min. |** ohne Messbecher andünsten. Nach 3 Min. mit dem durchrühren.

3 In der Zwischenzeit die Tortillafladen im Backofen erwärmen.

4 Die Tomatenwürfel, Kidneybohnen, Chiliflocken, Salz und Pfeffer in den geben und alles **6 Min. | | Stufe 1 | 120 °C** garen.

5 Die Hackfleischmasse gleichmäßig auf 4 Tortillas verteilen und mit Emmentaler bestreuen. Die übrigen Tortillafladen obenauf legen, mit einem Pizzaroller in Ecken schneiden und servieren.

> **TIPP** Ihr könnt die Quesadillas wie wir zur Dekoration mit frischen Petersilienblättchen bestreuen. Anstelle von Emmentaler schmeckt auch milderer Mozzarella gut. Wenn ihr etwas mehr Zeit habt, könnt ihr den Backofen während des Belegens der Tortillafladen außerdem auf 180 °C Umluft vorheizen und die Quesadillas anschließend noch 10–15 Min. erhitzen. Dazu passt eine frische Guacamole!

Bohnensalat mit Radicchio

LOW CARB LOW FAT

PRO PORTION: 278 KCAL | 11 G E | 21 G F | 15 G KH

ZUTATEN FÜR 4 PERSONEN

- 1000 g kochendes Wasser
- 4 Eier
- 400 g grüne Bohnen (TK), aufgetaut
- 1 Radicchio (ca. 250 g), in Streifen
- 1 rote Zwiebel, halbiert und in Ringen
- 6 EL natives Olivenöl extra
- 3 EL Zitronensaft
- 2 TL mittelscharfer Senf
- 1 TL Salatkräuter (TK)
- 1 TL Zucker
- 1 TL Salz
- 3 Prisen frisch gemahlener schwarzer Pfeffer

1 | Das Wasser in den füllen, den Kocheinsatz einsetzen und die Eier hineinlegen. Den tiefen Dampfgaraufsatz aufsetzen, die Bohnen darin verteilen, den Deckel auflegen und alles **10 Min.** | garen.

2 | Inzwischen Radicchio und Zwiebelringe in eine Salatschüssel geben. Öl, Zitronensaft, Senf, Kräuter, Zucker, Salz und Pfeffer zu einem Dressing vermengen. Über den Radicchio geben.

3 | Den Dampfgaraufsatz absetzen. Die Bohnen kalt abbrausen, abtropfen lassen und zum Radicchio und den Zwiebelringen in die Salatschüssel geben. Die Eier kalt abschrecken, pellen und in Achtel schneiden. Salat vermengen, auf vier Schüsseln verteilen, jeweils ein aufgeschnittenes Ei daraufgeben und servieren.

>TIPP Der Bohnensalat schmeckt auch sehr lecker mit ein paar gebratenen Speckwürfeln oder feinen Rinder-Minutensteaks. Ihr könnt übrigens auch 8 Eier in den Gareinsatz geben und diese zeitgleich zubereiten. Die 4 zusätzlichen Eier könnt ihr dann kalt stellen und am nächsten Tag für ein anderes Gericht – zum Beispiel den Spargelsalat mit Ei von Seite 81 verwenden.

>INFO Radicchio ist verwandt mit Chicorée und Endiviensalat und hat einen leicht herben, bitteren Geschmack. Zum Ausgleich könnt ihr das Dressing etwas aromatischer gestalten, indem ihr nach Belieben Honig oder Agavendicksaft anstelle von Zucker verwendet. Bewahrt den Radicchio am besten im Gemüsefach auf, hier bleibt er in ein feuchtes Tuch gewickelt etwa 1 Woche lang frisch.

15 MINUTEN

Tomatensuppe mit Feta

LOW CARB LOW FAT

PRO PORTION: 243 KCAL | 10 G E | 20 G F | 7 G KH

ZUTATEN FÜR 4 PERSONEN

- **1 Zwiebel, halbiert**
- **2 Knoblauchzehen**
- **30 g natives Olivenöl extra**
- **800 g stückige Tomaten (Dose)**
- **150 g Wasser**
- **2 TL Gemüse-Gewürzpaste**
- **200 g Feta, in Stücken**
- **20 g Basilikum, in Streifen zzgl. einige Blättchen zum Garnieren**

1 Zwiebel und Knoblauch im **5 Sek.** | **Stufe 8** zerkleinern, mit dem nach unten schieben. Öl zufügen und **2 Min.** | andünsten. Tomaten, Wasser und Gewürzpaste zufügen und **8 Min.** | **Stufe 2** | **100 °C** köcheln lassen.

2 Feta und Basilikum dazugeben, **5 Min.** | **Stufe 2** | **100 °C** köcheln lassen. Die Suppe in Schüsseln anrichten, mit Basilikum garnieren.

>**TIPP** Wer frische Tomaten verwenden möchte, befreit diese von den Stielansätzen und schneidet sie in Stücke. Die Kochzeit der Tomaten verlängert sich um ca. 20 Minuten.

TOMATIG

Stückige Dosentomaten sind die ideale Basis, um daraus eine schnelle und leckere Suppe zu zaubern. Wenn ihr lieber Suppe ohne Stückchen esst, könnt ihr statt der Dosentomaten auch Passata verwenden oder die Suppe nach Schritt 1 aufsteigend **1 Min.** | **Stufe 7–9** pürieren.

DIESES REZEPT IST AB SOFORT ALS **GUIDED COOKING REZEPT** VERFÜGBAR!

15 MINUTEN

Gnocchisalat mit Pesto-Rosso-Dressing

LOW CARB LOW FAT

PRO PORTION: 665 KCAL | 16 G E | 41 G F | 61 G KH

ZUTATEN FÜR 4 PERSONEN

- ★ **50 g Pinienkerne**
- ★ **800 g Gnocchi (Kühlregal)**
- ★ **75 g natives Olivenöl extra zzgl. 2 EL zum Anbraten**
- ★ **25 g Parmesan**
- ★ **1 Knoblauchzehe**
- ★ **100 g getrocknete Tomaten in Öl, abgetropft**
- ★ **30 g Balsamicoessig**
- ★ **½ TL Salz**
- ★ **30 g Wasser**
- ★ **300 g bunte Kirschtomaten, halbiert**
- ★ **125 g Rucola**

1 | Die Hälfte der Pinienkerne in einer Pfanne ohne Fett anrösten, dann umfüllen. Die Gnocchi mit 2 EL Olivenöl in die heiße Pfanne geben und nach Packungsangabe anbraten.

2 | Inzwischen für das Pesto-Rosso-Dressing die übrigen Pinienkerne, Parmesan sowie den Knoblauch in den Topf geben und alles **8 Sek. | Stufe 10** zerkleinern. Die getrockneten Tomaten zugeben und **7 Sek. | Stufe 10** zerkleinern. Mit dem Spatel nach unten schieben. Olivenöl, Essig, Salz sowie Wasser zugeben und **20 Sek. | Stufe 6** vermengen.

3 | Gnocchi, Kirschtomaten und Rucola auf Tellern verteilen. Das Pesto-Rosso-Dressing darüber geben und mit den gerösteten Pinienkernen bestreut servieren.

>**TIPP** Tatsächlich mixt ihr für dieses Gericht euer eigenes Pesto, das garantiert viel besser schmeckt als gekauftes und auch hervorragend zu Spaghetti oder als Brotaufstrich für pikante Sandwiches passt. Haltet für spontane Lust auf Pesto getrocknete Tomaten und Parmesan sowie Kernemischungen bereit – Parmesan könnt ihr in Würfel geschnitten auch tiefgekühlt lagern!

15 MINUTEN

Süße Schupfnudeln mit Fruchtsoße

LOW CARB LOW FAT

PRO PORTION: 528 KCAL | 16 G E | 10 G F | 95 G KH

ZUTATEN FÜR 2 PERSONEN

- ★ **200 g heißes Wasser zzgl. etwas mehr zum Anrühren der Soße**
- ★ **300 g Beerenmix (TK), aufgetaut, mit Saft**
- ★ **500 g Schupfnudeln (Kühlregal)**
- ★ **1 TL Stärke**
- ★ **3 EL Puderzucker**
- ★ **2 EL Mandelblättchen**

1 | Das Wasser und die Beeren in den Topf füllen. Den Dampfgaraufsatz auf den Topf setzen und die Schupfnudeln darin verteilen. Den Deckel schließen und die Zutaten **13 Min. | Stufe 1 | 100°C** garen.

2 | Den Dampfgaraufsatz absetzen. Stärke mit etwas Wasser glatt rühren und mit der Hälfte des Puderzuckers in den Topf geben. Die Beerensoße **2 Min. | Stufe 1 | 90°C** vermengen.

3 | Die Schupfnudeln mit Beerensoße und Mandelblättchen auf Tellern anrichten, mit dem übrigen Puderzucker bestäuben und servieren.

>**ALTERNATIVE** Anstelle der gemischten Beeren könnt ihr auch nur z. B. Heidelbeeren, Himbeeren, Brombeeren oder Kirschen verwenden. Tauscht ihr das Wasser gegen einen Fruchtsaft wie Johannisbeer-, Trauben- oder Kirschsaft aus, wird die Soße besonders fruchtig. Erhöht dann die Garzeit in Schritt 1 um 3–5 Minuten.

>**TIPP** Wenn ihr die süßen Schupfnudeln nur als Zwischenmahlzeit oder Dessert servieren wollt, genügt das Rezept auch für 4 Personen.

monsieur cuisine by ZauberTopf

www.zaubertopf.de

Impressum

Verlag
falkemedia GmbH & Co. KG, An der Halle 400 #1, 24143 Kiel
Tel. +49 431 200 766-0, Fax +49 431 20 07 66 50
E-Mail: info@zaubertopf.de, www.zaubertopf.de

Herausgeber
Kassian Alexander Goukassian (v. i. S. d. P.)

Mitglied der Geschäftsleitung & Ltg. Marketing
Wolfgang Pohl

Chefredakteurin/Teamleitung
Vivien Koitka

Redaktion (redaktion@zaubertopf.de)
Hannah Hold, Katrin Neumann, Stefanie Nickel, Svenja Rudolf;
Druckmanagement: Nicole Neumann

Rezeptentwicklung
Madeline Bartsch, Jennifer Dehen, Charlotte Heyn,
Lukas Lotzing, Isabel Prinz, Vera Schubert;
Praktikantin: Anna-Marie Hilbert

Art-Direktion/Layout
Lisza Clausen, Nadja Ulrich

Grafik und Bildbearbeitung
Kathrin Knoll, Dorothea Padilla

Lektorat
Julia Voigtländer

Fotografen dieser Ausgabe
Tina Bumann, Anna Gieseler, Kathrin Knoll,
Ira Leoni, Désirée Peikert

Abonnementbetreuung
abo@zaubertopf.de
Tel. +49 711 72 52 293
mein ZauberTopf Abo-Service,
Postfach 810640, 70523 Stuttgart

Mediaberatung
Silja Aicher (kontakt@aichermediakontor.de)
Aicher Mediakontor, Tel. +49 40 87 07 44 41

Martin Wetzel (Martin.Wetzel@brmedien.de)
Tel. +49 2241 17 74 14, Fax: +49 2241 17 74 20

Sascha Eilers (s.eilers@falkemedia.de), Tel. +49 4340 49 93 79,
Mobil: +49 151 53 83 44 12, Fax: +49 4340 49 93 91

Anzeigenkoordination
Dörte Schröder (d.schroeder@falkemedia.de)
Tel. +49 431 20 07 66 12

Anzeigenpreise:
Siehe Mediadaten 2022 unter www.zaubertopf.de

Produktionsmanagement/Druck
Stark Druck GmbH & Co. KG, www.stark-gruppe.de

Vertrieb
DMV Der Medienvertrieb GmbH & Co. KG
Meßberg 1, 20086 Hamburg

Vertriebsleitung
Hans Wies, DMV Der Medienvertrieb GmbH & Co. KG
(Hans.Wies@dermedienvertrieb.de)

Bezugsmöglichkeiten
Abo, Zeitschriften- und Buchhandel, Bahnhöfe, Flughäfen

Einzelpreis: 5,50 Euro **Jahresabonnement:** 48,90 Euro.
Europäisches Ausland zzgl. 0,90 Euro je Ausgabe. In den Preisen
sind Mehrwertsteuer und Zustellung enthalten. Bezogen auf
reguläre und 2 Spezial-Ausgaben zzgl. E-Paper p. a. Der Verlag
behält sich die Veränderung der Erscheinungsfrequenz vor.

Manuskripteinsendung
Manuskripte jeder Art werden gern entgegengenommen.
Sie müssen frei von Rechten Dritter sein. Mit der Einsendung gibt der Verfasser die Zustimmung zum Abdruck des
Manuskripts auf Datenträgern der Firma falkemedia. Ein
Einsenden garantiert keine Veröffentlichung. Honorare nach
Vereinbarung oder unseren AGB. Für unverlangt eingesandte
Manuskripte übernimmt der Verlag keine Haftung.

Datenschutz
Jürgen Koch (datenschutzanfrage@falkemedia.de),
falkemedia GmbH & Co. KG, Abt. Datenschutz,
An der Halle 400 #1, 24143 Kiel

Bei falkemedia erscheinen außerdem die Publikationen
mein ZauberTopf, LandGenuss, So is(s)t Italien,
NaturApotheke, Mac Life, BEAT, DigitalPHOTO,
BÜCHER und Die 101 Besten.

falkemedia mein ZauberTopf

SERVICE

SYMBOLE

Mit unseren Symbolen und Angaben habt ihr schnell den Überblick, wie man ein Rezept zubereitet und ob es eurer Ernährung entspricht

REZEPTE

Damit ihr beim Kochen und Backen schnell erfassen könnt, was zu tun ist, haben wir wiederkehrende Funktionen und Zubehöre durch die gezeigten Symbole ersetzt.

- ANBRATEN
- DAMPFGAREN
- LINKSLAUF
- MIXTOPF
- SPATEL
- TEIGMODUS

ERNÄHRUNG

Ob ein Rezept eure ganz persönlichen Ernährungskriterien erfüllt, erkennt ihr an unseren Kennzeichnungen direkt an den Rezepten.

Erfüllt ein Rezept ein Kriterium, ist das entsprechende Symbol eingefärbt. Ist die Eigenschaft nicht erfüllt, ist das Symbol ausgegraut.

So seht ihr auf einen Blick, ob ihr bedenkenlos zugreifen könnt!

- VEGETARISCH
- VEGAN
- LAKTOSEFREI
- GLUTENFREI
- **KALORIENARM** Hauptgerichte < 500 kcal, Suppen/Vorspeisen < 350 kcal, süße Rezepte < 150 kcal, jeweils pro Portion
- **FETTARM** (LOW FAT) < 20 % der Kilokalorien entstehen durch Fett
- **KOHLENHYDRATARM** (LOW CARB) < 25 % der Kilokalorien entstehen durch Kohlenhydrate

NÄHRWERTE

Zu jedem Rezept findet ihr die konkreten Nährwerte mit den hier rechts erklärten Abkürzungen.

KCAL	KILOKALORIEN
G E	GRAMM EIWEISS
G F	GRAMM FETT
G KH	GRAMM KOHLENHYDRATE

BESONDERE VORZÜGE

- **AiO**: All-in-One-Rezepte, die nur mithilfe des Monsieur Cuisine in Mixtopf, Gareinsatz und Dampfgaraufsatz zubereitet werden.
- **ONE POT**: Rezepte, die nur im Mixtopf zubereitet werden – Zutaten werden zusammen oder nach und nach zugegeben.
- **FIX**: Rezepte, die in maximal 30 Minuten zubereitet sind.
- **EASY**: Schnelle und unkomplizierte Rezepte mit wenigen Zutaten, die meist vorrätig sind.
- **GESCHENK IDEE**: Rezepte für Leckereien, die länger haltbar sind und sich gut verpacken und verschenken lassen.

5 INTERNET-HACKS
Welche funktionieren wirklich?
SPARGEL
Himmlisch zart mit feinster Soße
ENDLICH GRILLEN!
Mit Freunden genießen
GEBURTSTAG
Ideen fürs Kinderfest
NUR 3 ZUTATEN
Ganz einfach kochen
Erdbeer-Frischkäse-Torte ohne Backen
ERDBEEREN ZUM VERLIEBEN
Blechkuchen & mehr wie im Landcafé und 76 weitere superleckere Rezepte
LASS DICH INSPIRIEREN – WANN UND WO DU WILLST!
GRATIS-EXTRA! 16 SEITEN ZUBEHÖR-TIPPS
LIEBLINGSREZEPTE FÜR JEDEN TAG
monsieur cuisine
By ZauberTopf
E-PAPER IM ORIGINAL-LAYOUT
Fotos: iStock / Getty Images Plus / jakkapan21 (1), LeszekCzerwonka (1); Archiv

DAS JAHRES-KOMBI-ABO

8 AUSGABEN + E-PAPER UND PRÄMIE NACH WAHL

8 AUSGABEN
48,90 €
PLUS PRÄMIE*

DER WUNDERCAP®

Er ersetzt das Mixmesser, so könnt ihr das komplette Topf-Volumen ausschöpfen, um z. B. Spaghetti zu kochen oder Sous-vide zu garen! Für Connect & Plus.

Ohne Zuzahlung, ~~24,90~~ Euro
Prämien-ID: F1456

WUNDERPEELER®

Der Kartoffelschäler-Aufsatz für Monsieur Cuisine schält bis zu 1 Kilo Kartoffeln oder Karotten mit der Power des Zaubertopfs! Das spart Zeit und Mühe – einfach genial!

Zuzahlung nur 8 Euro, statt ~~34,95~~ Euro
Prämien-ID: F1499

3ER SET ZAUBERPRISE

Mit nur 2 TL der Bio-Gewürzmischungen sind 4 Portionen einer Gemüse-, Fleisch- oder Geflügelspeise perfekt abgeschmeckt! Würzen so leicht wie noch nie! 200 g / Dose

Ohne Zuzahlung, ~~26,97~~ Euro
Prämien-ID: F1504

JETZT BESTELLEN UNTER:
WWW.ZAUBERTOPF.DE/MCKOMBIABO

Bestellnummer: MC22ONEE

* Alle Prämien erhältlich nur solange der Vorrat reicht. Originalprodukt kann von Abbildung abweichen.

SPEZIAL

FETE FÜR DIE KIDS

Für den Kindergeburtstag geben wir alles, damit unsere Liebsten unvergessliche Momente erleben. Wetten, dass diese Ideen – von der Festtagstorte bis zum süßen Gastgeschenk – für Begeisterung bei Klein und Groß sorgen?

Rezepte: Vera Schubert & Anna-Marie Hilbert
Fotos & Styling: Anna Gieseler

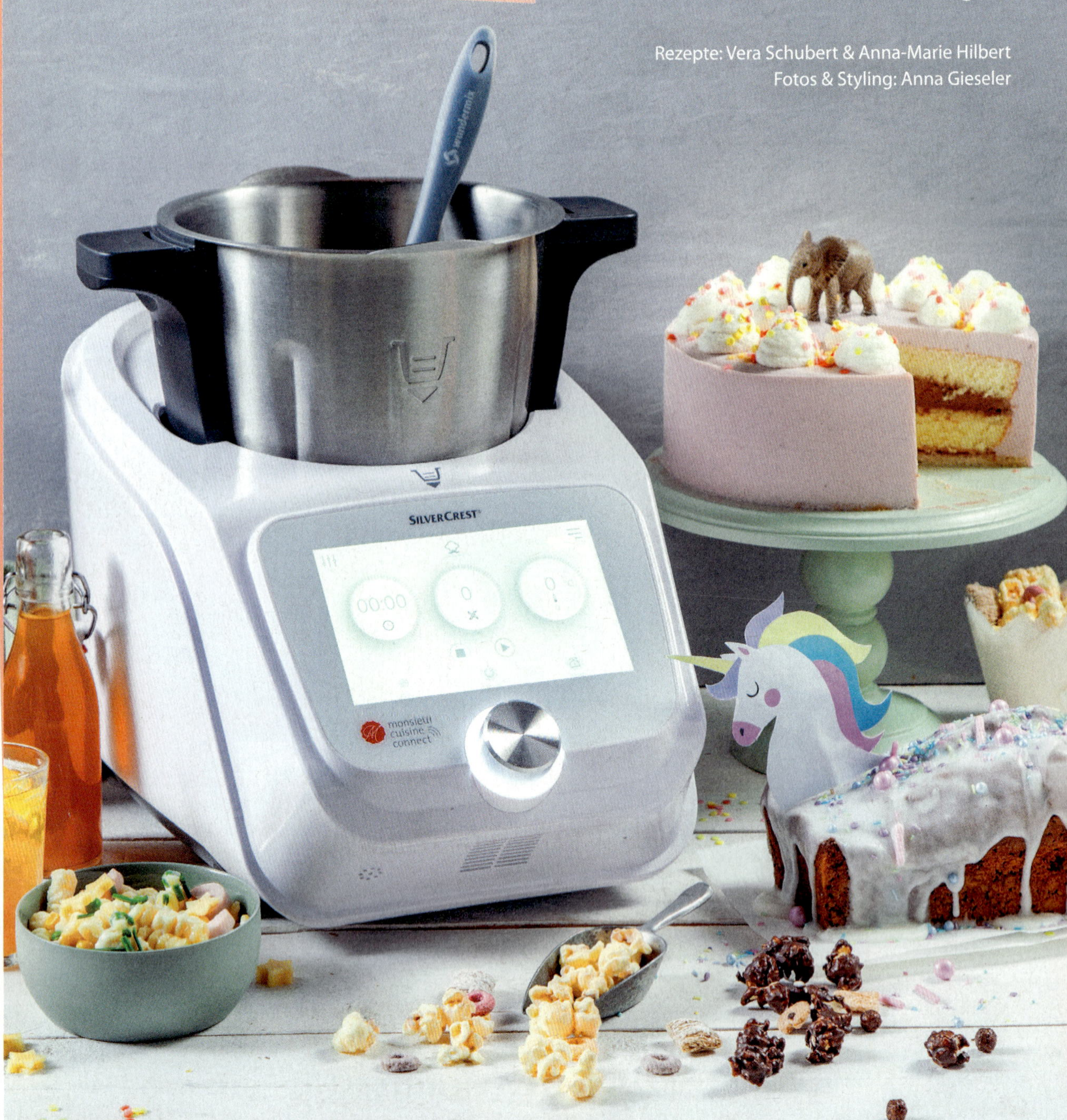

So einfach und so wirkungsvoll!

EASY

Wassermelonen-Pizza mit Vanillecreme

Rezept auf Seite 108

1

2

3

4

Regenbogen-Eis

00:15 std : min

LOW CARB LOW FAT

PRO PORTION: 265 KCAL | 5 G E | 19 G F | 20 G KH

ZZGL. 4 STD. RUHEZEIT

ZUTATEN FÜR 12 PORTIONEN

- **500 g Sahne**
- **400 g gezuckerte Kondensmilch, gut gekühlt**
- **100 g Frischkäse**
- **2 TL selbst gemachter Vanillezucker**
- **bunte Lebensmittelfarben nach Belieben (z.B. in Gelb, Grün, Rosa, Pink)**
- **bunte Zuckerstreusel**

AUSSERDEM

- **gefrierfeste Form (ca. 25×20 cm)**

1 Den Rühraufsatz einsetzen, die Sahne in den geben und **ohne Zeiteinstellung Stufe 4** unter Sichtkontakt steif schlagen. Den Rühraufsatz entnehmen und die Sahne umfüllen.

2 Kondensmilch, Frischkäse sowie Vanillezucker in den geben und **10 Sek. | Stufe 4** glatt rühren. Umfüllen und die Sahne vorsichtig unterheben.

3 Die Eismasse gleichmäßig auf vier Schüsseln aufteilen, jeweils ein paar Tropfen Lebensmittelfarbe hinzugeben und unterrühren (Bild 1). In Klecksen in die Form geben (Bild 2) und mit einer Gabel vorsichtig spiralförmige Muster durch den Teig ziehen (Bild 3). Mit Streuseln bestreuen (Bild 4) und mind. 4 Std. oder über Nacht in den Gefrierschrank geben.

4 Das Eis aus dem Gefrierschrank nehmen, kurz antauen lassen, daraus Kugeln ausstechen und nach Belieben mit weiteren Streuseln garniert servieren.

>**TIPP** Zum Färben der Eismasse ist sowohl flüssige Lebensmittelfarbe als auch Pulver geeignet.

>**VARIANTE** Anstelle von Zuckerstreuseln könnt ihr auch Schokolinsen oder Keksstücke zugeben.

BUNT WIE DER REGENBOGEN
EASY

Einhornkuchen

01 30 std : min

LOW CARB LOW FAT

PRO STÜCK: 319 KCAL | 4 G E | 17 G F | 39 G KH

ZUTATEN FÜR 16 STÜCKE

- **360 g Zucker**
- **200 g weiche Butter, in Stücken, zzgl. etwas mehr zum Fetten**
- **2 EL selbst gemachter Vanillezucker**
- **4 Eier**
- **160 g Sahne**
- **240 g Weizenmehl Type 405 zzgl. etwas mehr für die Form**
- **1 Pck. Backpulver**
- **75 g Schokostreusel**
- **4 EL Zitronensaft, alternativ Milch**
- **Zuckerstreusel nach Belieben**

AUSSERDEM

- **Kastenform (ca. 25 cm Länge)**
- **Papierdeko-Einhorn (Schablone siehe Infokasten)**

1 Den Backofen auf 160 °C Umluft vorheizen. Die Kastenform fetten und leicht bemehlen. Für die Glasur 200 g Zucker in den Mixtopf geben und **50 Sek. | Stufe 10** pulverisieren. Den Puderzucker umfüllen und beiseitestellen.

2 Für den Teig Butter, übrigen Zucker sowie Vanillezucker in den Mixtopf geben und **2 Min. | Stufe 4** verrühren. Dann weitere **2 Min. | Stufe 4** schlagen, dabei die Eier nacheinander durch die Deckelöffnung zufügen. Sahne, Weizenmehl, Backpulver sowie Schokostreusel zugeben und **25 Sek. | Stufe 4** verrühren.

3 Den Teig in die Kastenform füllen und im heißen Ofen ca. 50 Min. backen. Den Kuchen aus dem Ofen nehmen und auf einem Kuchengitter auskühlen lassen. Anschließend aus der Form stürzen und auf eine Kuchenplatte setzen.

4 Puderzucker mit dem Zitronensaft zu einem dicken Guss verrühren und über den Kuchen gießen. Mit Zuckerstreuseln bestreuen und antrocknen lassen. Nach Belieben mit einem Papierdeko-Einhorn dekorieren und servieren.

MEHR SCHABLONEN

Das zauberhafte **Einhorn** sowie auch Schablonen für **Dinosaurier, Rakete, Löwe, Meerjungfrau** und **Wal** könnt ihr als Vorlage unter www.zaubertopf.de/zauberhaftes kostenlos herunterladen! Oder habt ihr ein ganz anderes Thema? Wir freuen uns über Fotos eurer Kindergeburtstags-Sweet-Table-Ideen! Schickt sie gern jederzeit an: redaktion@zaubertopf.de.

Schoko-Popcorn

00 20 std : min

LOW CARB LOW FAT

PRO PORTION: 255 KCAL | 4 G E | 15 G F | 28 G KH

ZUTATEN FÜR 12 PERSONEN

- **200 g weiße Kuvertüre, in Stücken**
- **30 g Kokosöl**
- **160 g fertiges Popcorn**
- **200 g Zartbitterkuvertüre, in Stücken**
- **Toppings nach Belieben (z. B. Frühstückscerealien, Nüsse)**

1 Zwei Backbleche mit Backpapier auslegen. Die weiße Kuvertüre in den Mixtopf geben und **12 Sek. | Stufe 8** zerkleinern. 15 g Kokosöl zugeben und **6 Min. | Stufe 2 | 50 °C** schmelzen lassen. Die Hälfte vom Popcorn in eine Schüssel geben, die Schokolade darübergießen und zügig vermengen. Auf einem Backblech verteilen und aushärten lassen.

2 Zartbitterkuvertüre in den Mixtopf geben, den Vorgang wie in Schritt 1 mit dem übrigen Popcorn wiederholen. Schoko-Popcorn nach Belieben mit Toppings vermengen und servieren. Alternativ trocknen lassen und als Gastgeschenke in hübsche Tütchen verpacken.

BELIEBTE VARIANTE

Im Inneren des Einhornkuchens haben wir den beliebten **Ameisenkuchen** versteckt. Ihr könnt ihn mit einer glänzenden Schokoladenglasur zubereiten. Dafür je 100 g Zartbitterschokolade und Vollmilchschokolade in Stücken in den geben und **10 Sek. | Stufe 8** zerkleinern. Dann 100 g Sahne zugeben und **6 Min. | Stufe 2 | 50 °C** schmelzen. Die Glasur auf dem ausgekühlten Kuchen verstreichen.

Da strahlen alle Kinderaugen

DIESES REZEPT IST AB SOFORT ALS **GUIDED COOKING REZEPT** VERFÜGBAR!

1

2

„Benjamin Blümchen“-Torte

02 00
std : min

LOW CARB LOW FAT

PRO STÜCK: 468 KCAL | 12 G E | 28 G F | 43 G KH

ZZGL. 5 STD. 30 MIN. RUHEZEIT

ZUTATEN FÜR 12 STÜCKE

FÜR DEN MÜRBETEIG
- **120 g Dinkelmehl Type 630**
- **80 g Butter, in Stücken**
- **40 g Zucker**
- **Salz**
- **2 EL Erdbeerkonfitüre zum Bestreichen**

FÜR DIE SCHOKOSAHNE
- **100 g Vollmilchschokolade, in Stücken**
- **200 g Sahne**

FÜR DEN BISKUIT
- **3 Eier**
- **105 g Zucker**
- **1 TL selbst gemachter Vanillezucker**
- **75 g Dinkelmehl Type 630**
- **45 g Stärke**
- **¼ TL Backpulver**

FÜR DIE ERDBEERCREME
- **200 g Sahne**
- **250 g Erdbeeren (TK), aufgetaut**
- **650 g Joghurt**
- **60 g Instant-Gelatine**
- **3 TL selbst gemachter Vanillezucker**
- **30 g Zucker**

FÜR DIE GARNITUR
- **200 g Sahne**
- **1 EL selbst gemachter Vanillezucker**
- **1 Pck. Sahnesteif**
- **Konfetti-Zuckerstreusel**

AUSSERDEM
- **Tortenring (Ø 20 cm)**
- **Springform (Ø 18 cm)**
- **Spritzbeutel mit Lochtülle**
- **Elefanten-Figur**

1 | Backofen auf 200 °C Ober-/Unterhitze vorheizen. Für den Mürbeteig Mehl, Butter, Zucker sowie 1 Prise Salz in den geben und **30 Sek. | Stufe 4** vermengen. Den Teig auf einem mit Backpapier ausgelegtem Blech rund ausrollen und mit dem Tortenring in Form bringen. Den Boden mit einer Gabel mehrfach einstechen und im heißen Ofen 8–10 Min. backen. Den spülen und trocknen.

2 | Für die Schokosahne die Schokolade im **10 Sek. | Stufe 8** zerkleinern. Mit dem nach unten schieben. Die Sahne zufügen und **6 Min. | Stufe 2 | 50 °C** schmelzen lassen. Anschließend umfüllen und kalt stellen. Den spülen. Den Ofen auf 175 °C Umluft umstellen.

3 | Für den Biskuit den Boden der Springform mit Backpapier auslegen. Den Rühraufsatz einsetzen. Eier, Zucker, Vanillezucker sowie 1 Prise Salz in den geben und **8 Min. | Stufe 3 | 37 °C** aufschlagen. Den Messbecher entnehmen, **8 Min. | Stufe 4** weiterschlagen. Den Rühraufsatz entnehmen, den Messbecher einsetzen. Mehl, Stärke sowie Backpulver in den geben und **8 Sek. | Stufe 6** unterheben. Den Biskuitteig in die Springform füllen und im heißen Ofen ca. 25 Min. backen. Den und den Rühraufsatz spülen.

4 | Den Biskuit aus dem Ofen nehmen und auf einem Kuchengitter ca. 2 Std. vollständig auskühlen lassen. Anschließend den Mürbeteig auf eine Tortenplatte setzen und mit Konfitüre bestreichen. Biskuit waagerecht halbieren und die untere Hälfte mittig auf dem Mürbeteig platzieren.

5 | Den Rühraufsatz einsetzen, die kalt gestellte Schokosahne in den geben und **ohne Zeiteinstellung Stufe 4** unter Sichtkontakt steif schlagen. Die Schokosahne auf dem Biskuitboden verstreichen (Bild 1), die zweite Biskuithälfte daraufsetzen und 30 Min. kalt stellen. Den und den Rühraufsatz spülen.

6 | Für die Erdbeercreme den Rühraufsatz einsetzen. Sahne in den geben und **ohne Zeiteinstellung Stufe 4** unter Sichtkontakt steif schlagen. Den Rühraufsatz entnehmen, die Sahne umfüllen. Erdbeeren mit Joghurt, Gelatine, Vanillezucker und Zucker in den geben und **10 Sek. | Stufe 8** pürieren. Dann die Sahne mit dem unterheben.

7 | Die Torte aus dem Kühlschrank nehmen. Den Mürbeteig mit dem Tortenring umschließen. Die Erdbeercreme gleichmäßig in den Tortenring gießen (Bild 2) und auf der Torte glatt streichen. Die Torte für mind. 3 Std. kalt stellen, den und Rühraufsatz spülen.

8 | Für die Garnitur den Rühraufsatz einsetzen. Sahne mit Vanillezucker und Sahnesteif in den geben und **ohne Zeiteinstellung Stufe 4** unter Sichtkontakt steif schlagen. Die Sahne in einen Spritzbeutel mit großer Lochtülle umfüllen und in Tupfen auf die Oberseite der Torte spritzen, dabei innen einen Kreis von etwa 8 cm Ø frei lassen.

9 | Die Sahnetupfer mit Konfetti-Streuseln bestreuen. Die Torte aus dem Tortenring lösen, nach Belieben mit einer Elefanten-Figur oder einem anderen Tortentopper verzieren und servieren.

> **TIPP** Die beliebte „Benjamin-Blümchen“-Torte aus dem Tiefkühlregal ist ein echter Klassiker, den ihr im Monsieur Cuisine auch selbst herstellen könnt! Der Zaubertopf knetet den Mürbeteig, mixt den luftigen Biskuit, rührt die Schokocreme-Füllung sowie die Erdbeercreme an und schlägt die Sahne fürs Dekor. Gelingsicher und ganz entspannt. Und das Ergebnis: sensationell lecker und wunderschön anzusehen!

Torööööö – die süßeste Torte für Tierfreunde

Kalter Hund am Spieß

00:45 std : min

PRO STÜCK: 66 KCAL | 1 G E | 4 G F | 7 G KH

ZUTATEN FÜR 50 STÜCK

FÜR DIE GARNITUR
- 80 g weiße Kuvertüre, in Stücken
- 80 g Vollmilchkuvertüre, in Stücken
- 80 g Zartbitterkuvertüre, in Stücken
- 500 g Wasser

FÜR DIE SPIESSE
- 150 g Vollmilchschokolade, in Stücken
- 50 g Kokosfett
- 50 g Sahne
- 1 TL selbst gemachter Vanillezucker
- 150 g Mini-Butterkekse

AUSSERDEM
- Zahnstocher
- hitzebeständige Frischhaltefolie
- formstabile Silikonförmchen (z. B. ZauberCups), alternativ hitzebeständige Gefrierbeutel

1 Für die Garnitur nacheinander zunächst die weiße, dann die Vollmilch- und Zartbitterkuvertüre in den Mixtopf geben und jeweils **8 Sek. | Stufe 8** zerkleinern. Einzeln jeweils in eine Silikonform (z. B. ZauberCups) umfüllen, mit Frischhaltefolie abdecken und in den Kocheinsatz stellen (Bild 1). Alternativ Gefrierbeutel verwenden und diese fest verschließen.

2 Für die Spieße die Schokolade mit dem Kokosfett in den Mixtopf geben und **10 Sek. | Stufe 8** zerkleinern. Mit dem Spatel nach unten schieben, Sahne und Vanillezucker zugeben und die Zutaten **5 Min. | Stufe 1 | 50 °C** zerlassen. Die Masse umfüllen und etwas abkühlen lassen, sodass sie streichfähig wird.

3 Die Schokomasse mit einem Löffel auf der Hälfte der Kekse verstreichen. Jeweils einen Zahnstocher mittig in die Creme drücken und jeweils einen zweiten Keks ohne Schokobelag auflegen. Die Spieße bis zum Verzieren kalt stellen. Den Mixtopf spülen.

4 Für die Garnitur das Wasser in den Mixtopf füllen. Den Kocheinsatz mit den Silikonformen einsetzen (Bild 2) und die Kuvertüren **10 Min. |** Dampfgaren schmelzen lassen.

5 Die Silikonformen entnehmen und die Kuvertüre jeweils mit einem Löffel glatt rühren. Die Spieße anschließend nach Belieben jeweils zur Hälfte in eine der Kuvertüren tunken, dann aushärten lassen.

> **TIPP** Holt euch bei der Zubereitung der Spieße Unterstützung von den Kids. Sie können beim Bestreichen der Kekshälften unterstützen und später die Spieße in die Schokolade tunken. Wer mag, garniert die kleinen Kalten Hunde anschließend noch mit Zuckerstreuseln, bunten Schokolinsen oder gefriergetrockneten Früchten und Nüssen. Ein großer Spaß für eure Kleinen!

Sind die niedlich! Da greifen
auch Erwachsene gern zu ...

Wassermelonen-Pizza mit Vanillecreme

00 25 std : min

LOW CARB · LOW FAT

PRO PORTION: 305 KCAL | 12 G E | 10 G F | 41 G KH

ZUTATEN FÜR 12 PERSONEN

FÜR DIE STREUSEL
- **125 g Weizenmehl Type 405**
- **80 g kalte Butter, in Stücken**
- **50 g Zucker**
- **2 EL selbst gemachter Vanillezucker**

FÜR DIE CREME
- **800 g Quark**
- **4 EL weißes Mandelmus**
- **4 EL Ahornsirup**
- **Mark von ½ Vanilleschote**

FÜR DIE PIZZA
- **2 Bananen, in Scheiben**
- **1 Wassermelone (ca. 2 kg), in ca. 1,5 cm dicke Scheiben geschnitten und diese jeweils in 6 Stücke geteilt**
- **500 g frische Beeren (z. B. Erdbeeren, Blaubeeren und Himbeeren)**
- **60 g weiße Schokolade, gehobelt**

AUSSERDEM
- **Mini-Ausstechformen (z. B. Sterne oder Herzen)**

1 | Für die Streusel den Backofen auf 180 °C Umluft vorheizen. Ein Backblech mit Backpapier auslegen. Alle Zutaten für die Streusel in den geben und **12 Sek. | Stufe 7** vermengen. Den Teig in Streuseln auf das Backblech geben und im heißen Ofen ca. 12 Min. backen. Anschließend aus dem Ofen nehmen und abkühlen lassen. Den spülen.

2 | Für die Vanillecreme alle Zutaten in den geben und **30 Sek. | Stufe 4** vermengen. Bis zum Garnieren kalt stellen.

3 | Für den Belag aus den Bananenscheiben z. B. kleine Sterne oder Herzen ausstechen. Die Melonensstücke mit Vanillecreme bestreichen, nach Belieben mit frischen Beeren, Bananen, Schokolade und Streuseln belegen und servieren.

> MITMACHEN Gebt die Vanillecreme sowie alle Toppingzutaten in separate Schälchen und lasst die Kinder ihre kleinen Pizzaecken selbst belegen! Statt frischer Beeren und Banane könnt ihr auch anderes Obst eurer Wahl verwenden. Zum Ausstechen eignen sich z. B. auch Apfel- und Kiwischeiben.

> TIPP Ihr habt noch Melone, Obst, Streusel und Creme übrig? Gebt die Restzutaten im Verhältnis 1 : 2 mit Joghurt in den und püriert diese **40 Sek. | Stufe 10** zu einem cremigen Shake.

Cheeseburger-Auflauf

00 45 std : min

LOW CARB · LOW FAT

PRO STÜCK: 529 KCAL | 25 G E | 29 G F | 43 G KH

ZZGL. 1 STD. 15 MIN. RUHEZEIT

ZUTATEN FÜR 12 STÜCKE

FÜR DEN TEIG
- **250 g Wasser**
- **20 g frische Hefe**
- **30 g Zucker**
- **500 g Dinkelmehl Type 630 zzgl. etwas mehr zum Bearbeiten**
- **90 g weiche Butter, in Stücken, zzgl. etwas mehr zum Fetten**
- **1 Ei**
- **Salz**
- **1 Eigelb**
- **1 EL Milch**
- **2 EL Sesam**

FÜR DEN BELAG
- **2 Zwiebeln, in Stücken**
- **2 Knoblauchzehen**
- **3 EL Rapsöl**
- **1000 g gemischtes Hackfleisch**
- **250 g Gewürzketchup zzgl. etwas mehr zum Beträufeln**
- **150 g Cheddar, in Scheiben**
- **2 Tomaten, in Scheiben**
- **6 Blätter Eisbergsalat**

AUSSERDEM
- **Auflaufform (ca. 22 × 30 cm)**

1 | Für den Teig Wasser, Hefe und Zucker in den geben und **3 Min. | Stufe 2 | 37 °C** erwärmen. Mehl, Butter, Ei und 2 TL Salz hinzufügen und **2 Min. |** verkneten. Den Teig in eine Schüssel umfüllen, abdecken und an einem warmen Ort ca. 1 Std. gehen lassen. Den spülen.

2 | Die Auflaufform mit Butter fetten und mit etwas Mehl ausstreuen. Den Teig auf eine leicht bemehlte Arbeitsfläche geben, erneut durchkneten und zu 12 gleich großen Kugeln formen (Bild 1). In gleichmäßigen Reihen in der Auflaufform verteilen, abdecken und noch einmal 15 Min. ruhen lassen.

3 | Den Backofen auf 200 °C Ober-/Unterhitze vorheizen. Das Eigelb mit Milch verquirlen, die Teiglinge damit bestreichen (Bild 2) und mit Sesam bestreuen. Im heißen Ofen ca. 20 Min. goldbraun backen. Anschließend aus dem Ofen nehmen und etwa 15 Min. auskühlen lassen. Die Ofentemperatur auf 120 °C reduzieren.

4 | In der Zwischenzeit für den Belag Zwiebeln und Knoblauch in den geben, **6 Sek. | Stufe 8** zerkleinern und umfüllen. Das Öl in einer großen Pfanne erhitzen und das Hackfleisch darin krümelig anbraten. Die Hitze reduzieren, Zwiebelmischung zugeben und weiterbraten. Ketchup und 1 TL Salz zugeben und verrühren. Anschließend beiseitestellen.

5 | Das XXL-Burgerbrötchen aus der Form stürzen und waagerecht halbieren. Die untere Brötchenhälfte wieder in die Form geben und die Hackfleischmasse darauf verteilen (Bild 3). Mit dem Käse belegen und im Ofen ca. 6 Min. anschmelzen.

6 | Die Auflaufform aus dem Ofen nehmen. Tomaten und Salat auf dem geschmolzenen Käse verteilen, nach Belieben mit Gewürzketchup beträufeln und die obere Brötchenhälfte auflegen. Den Cheeseburger-Auflauf in 12 Stücke schneiden und sofort servieren.

> TIPP Cheeseburger sind ein perfektes Partyessen für Groß und Klein. Die Auflauf-Variante steht den klassischen Burgern geschmacklich in nichts nach und ist dabei noch einfacher und unkomplizierter zuzubereiten. Für alle Käseliebhaber: Verwendet die doppelte Menge an Cheddar!

1

2

3

Schlangen-Sandwiches

00 45
std : min

LOW CARB
LOW FAT

PRO STÜCK: 335 KCAL | 12 G E | 17 G F | 35 G KH

ZZGL. 1 STD. RUHEZEIT

ZUTATEN FÜR 12 STÜCKE

FÜR DIE BAGUETTES

- **230 g Wasser**
- **20 g frische Hefe**
- **½ TL Zucker**
- **500 g Weizenmehl Type 405**
- **1½ TL Salz**
- **40 g natives Olivenöl extra**

FÜR DEN BELAG

- **300 g Frischkäse**
- **8 Salatblätter**
- **1 Gurke, in Scheiben**
- **120 g Käse (z. B. Gouda oder Emmentaler), in Scheiben**
- **75 g Salami, in Scheiben**
- **1 Karotte**

1 Für die Baguettes Wasser, Hefe sowie Zucker in den [Mixtopf-Symbol] geben und **2 Min.** | **Stufe 2** | **37 °C** vermengen. Die übrigen Zutaten zufügen und **2 Min.** | [Knet-Symbol] verkneten. In eine Schüssel umfüllen, abdecken und an einem warmen Ort ca. 30 Min. ruhen lassen.

2 Ein Backblech mit Backpapier auslegen. Teig zu zwei langen Strängen formen (Bild 1) und diese schlangenförmig auf das Blech legen. Abgedeckt weitere 30 Min. ruhen lassen. Den Backofen auf 180 °C Umluft vorheizen.

3 Die Baguettes mit einem scharfen Messer oder dem WunderStyler Classic schräg einschneiden (Bild 2) und im Ofen 20–25 Min. goldbraun backen. Anschließend aus dem Ofen nehmen und abkühlen lassen.

4 Die Baguettes der Länge nach halbieren. Die unteren Baguettehälften mit Frischkäse bestreichen und mit Salatblättern belegen. Ein Baguette mit Käse und Gurken, das andere mit Salami und Gurken belegen und die oberen Baguettehälften auflegen. Von der Karotte mit einem Sparschäler zwei Streifen abhobeln, diese mit einem Messer in Zungenform schneiden und in die Baguettes stecken. Die Baguettes in Stücke schneiden und servieren.

1

2

>TIPP In Stücke geschnitten sind die Sandwiches superhandlich und schnell verputzt. Den Belag könnt ihr nach Belieben ändern, geeignet sind z. B. verschiedene Käse- und Wurstsorten, vegane Brotaufstriche sowie diverses Gemüse.

VEGANE MAYO

Unsere Mayonnaise kommt ohne rohe Eier aus und ist somit vegan, besonders gut für die Vorbereitung geeignet und kann bedenkenlos von Kindern verzehrt werden. Ein weiterer Vorteil: Der Nudelsalat muss nicht akribisch gekühlt werden. So kann er auch länger auf dem Tisch stehen und die Kids können sich nach Belieben nachnehmen. Herrlich entspannt …

Nudelsalat mit Mayo ohne Ei

00 | 45 std : min

LOW CARB · LOW FAT

PRO PORTION: 437 KCAL | 11 G E | 28 G F | 38 G KH

ZUTATEN FÜR 12 PERSONEN

FÜR DIE MAYONNAISE
- **150 g Sojadrink**
- **3 EL Zitronensaft**
- **½ TL Agavendicksaft**
- **1 TL milder Senf**
- **Salz**
- **250 g Sonnenblumenöl zzgl. 1 TL**

AUSSERDEM
- **Mini-Ausstechformen (z.B. Mond und Stern)**

FÜR DEN NUDELSALAT
- **1700 g Wasser**
- **1 TL Sonnenblumenöl**
- **500 g Pasta (z.B. Fusilli, Bucati)**
- **250 g Erbsen (TK)**
- **285 g Mais (Dose), abgetropft**
- **300 g Fleischwurst, in ca. 0,5 cm dicken Scheiben**
- **200 g Gouda, in ca. 0,5 cm dicken Scheiben**
- **Schnittlauch zum Garnieren**

1 | Für die Mayonnaise Sojadrink, Zitronensaft, Agavendicksaft, Senf sowie ½ TL Salz in den [Mixtopf] geben und **2 Min. 30 Sek. | Stufe 4** vermengen, dabei das Öl bei eingesetztem Messbecher auf den Deckel des [Mixtopf] gießen. Nun **40 Sek. | Stufe 8** mixen, bis die Mayonnaise fest ist, dann umfüllen und kalt stellen. [Mixtopf] spülen.

2 | Für den Nudelsalat das Wasser mit 2 TL Salz und 1 TL Öl in den [Mixtopf] geben und **14 Min. | Stufe 1 | 100 °C** aufkochen. Die Pasta zugeben, die Erbsen in den Dampfgaraufsatz füllen und diesen verschlossen aufsetzen. **Nach Packungsangabe der Nudeln plus 1 Min. | ↺ | Stufe 1 | 120 °C** garen.

3 | Den Dampfgaraufsatz absetzen und die Erbsen kalt abschrecken. Die Nudeln abgießen, ebenfalls kalt abschrecken und in eine große Salatschüssel umfüllen. Unter gelegentlichem Umrühren abkühlen lassen.

4 | Erbsen, Mais und Mayonnaise in die Schüssel zu den Nudeln geben und vermengen. Aus der Fleischwurst und dem Gouda kleine Figuren ausstechen, diese mit in die Schüssel geben und unterrühren. Mit etwas Schnittlauch garniert servieren.

>XXL-PORTION Ihr habt neben den Kids auch erwachsene Gäste im Haus? Dann bereitet die doppelte Menge des Nudelsalats zu und stellt daraus eine Kinder- und eine Erwachsenenversion her. Dabei wandern die Reste der ausgestochenen Wurst- und Käsescheiben der Kids in den Salat für die Erwachsenen – so wird nichts verschwendet. Die Mayonnaise bereitet ihr entweder zweimal zu oder streckt die eine Portion mit etwa 300 g Joghurt. Die Nudeln kocht ihr nacheinander im [Mixtopf] oder in einem Rutsch in einem großen Kochtopf.

Cola-Sirup

00 45
std : min

LOW CARB | LOW FAT

PRO PORTION (50 ML): 57 KCAL | 0 G E | 0 G F | 14 G KH

ZUTATEN FÜR 4 FLASCHEN À 350 ML

- **Abrieb von 4 unbehandelten Orangen**
- **Abrieb und Saft von 2 unbehandelten Zitronen**
- **Abrieb von 3 unbehandelten Limetten**
- **½ TL gemahlener Zimt**
- **1 Msp. frisch geriebene Muskatnuss**
- **2 Prisen gemahlener Sternanis**
- **3 TL frisch geriebener Ingwer**
- **Mark von ½ Vanilleschote**
- **1000 g Wasser**
- **400 g Rohrzucker**
- **2 EL Zuckerrübensirup**

AUSSERDEM

- **Leinentuch oder Passiertuch**

1 | Alle Zutaten, bis auf Zucker und Sirup, in den Topf geben und **10 Min. | Stufe 1 | 100 °C** aufkochen. Dann **20 Min. | Stufe 1 | 70 °C** ziehen lassen.

2 | Ein Sieb mit dem Tuch auslegen und die heiße Flüssigkeit vorsichtig in eine Schüssel abseihen.

3 | Die Flüssigkeit mit Zucker und Zuckerrübensirup zurück in den Topf geben und **10 Min. | Stufe 2 | 80 °C** erwärmen, bis sich der Zucker vollständig aufgelöst hat. Den Cola-Sirup in sterile Flaschen abfüllen und abkühlen lassen.

>VERWENDUNG Für eine erfrischende Cola den Cola-Sirup gut schütteln, dann 50 ml Sirup in ein Glas füllen, einige Eiswürfel und nach Belieben Zitronenscheiben zugeben und mit 150–200 ml Sprudelwasser aufgießen.

>HALTBARKEIT Der Sirup hält ungeöffnet und an einem dunklen, kühlen Ort gelagert etwa 6 Monate. Daher könnt ihr ihn auch schon einige Zeit im Voraus herstellen und am Tag der Party aus dem Vorratsschrank holen.

RATGEBER

FEIERN MIT KIDS

Mit den richtigen Ideen gestaltet ihr einen farbenfrohen, fantasievollen, fröhlichen und unvergesslichen Tag für eure Kids und alle Gäste

BUNT UND BIO

Gebäck dekorieren wir jetzt bunt, vegan und bio! Die neue Mischung „Streusel-Spaß" von Dr. Oetker enthält drei Dekore: Perlen, Schokostreusel und Dragees. Eingefärbt sind die Bio-Streusel mit Konzentraten aus Algen und Pflanzen aus ökologischem Anbau. 3er-Set ca. 3,30 Euro, www.oetker-shop.de

EIN RUNDUM SCHÖNER THEMENTAG

Ihr möchtet ein Themenfest feiern? Dafür kommen die perfekt aufeinander abgestimmten Papier-Dekore wie Einladungskarten, Wimpel, Torten- und Tischdeko sowie Gastgeschenk-Schachteln von Cotton Bird gerade recht. Dabei könnt ihr sogar Fotos und Namen eurer Kinder für die individuelle Gestaltung verwenden. Inspiration gibt's unter www.cottonbird.de

SÜSSE BÄREN

Aus Schokomuffins werden im Nu süße Bären! Streicht Schokofrosting (siehe Tipp) auf jedes Küchlein und setzt je ein „Toffifee" als Nase darauf. Für die Augen Schokolinsen mit Zuckeraugen, für die Ohren zwei weitere Schokolinsen mit braunen „Smarties" bekleben. Als „Kleber" eignet sich Zuckerguss. Schokoraspel sorgen für die Fell-Optik.

> TIPP Für das Frosting 250 g Puderzucker mit 250 g weicher Butter **3 Min. | Stufe 4** schaumig schlagen, dann 4 EL Kakaopulver und 250 g Frischkäse zugeben und **20 Sek. | Stufe 4** verrühren.

TIERISCH NIEDLICH

Pinguin Pepe, Koala Konrad, Zebra Zoe oder Erdmännchen Elvis – so heißen die hübschen Tierdekore der Serie „kids" von Asa Porzellan. Wir haben uns spontan in die Tassen verliebt. Sie machen sich toll als Geburtstagsgeschenk – auch zum Sammeln – oder als umfunktionierte Dessertschalen für Obst, Gemüsesticks und Eis bei der Fete. Je 9,90 Euro, www.asa-selection.com

SAFTBAR

Eine hausgemachte Fruchtbowle könnt ihr zur Selbstbedienung auch stilecht im Getränkespender bereitstellen. Bereitet dafür das Getränk im Monsieur zu und füllt es dann in den 3-Liter-Spender von Kilner um. Ihr findet das Einmachglas mit Zapfhahn unter www.a-fine.de für ca. 25 Euro!

DIE STARS DES TAGES

Die aufgepufften Knuspersterne „Star Puffed Crackers" von Made Good machen sich toll auf dem Geburtstagstisch. Locker um die Teller gestreut, sorgen die Meersalz- und Käsecracker in Sternenform für unvergessliche Glanzstunden. Sie sind mild im Geschmack, glutenfrei, vegan und bio, zudem steckt Gutes aus Tomaten, Spinat, Karotten, Pilzen, Brokkoli und Roter Bete drin. Je 120 g ca. 3 Euro, www.foodoase.de

Fotos: Dr. Oetker (1); Desiree Peikert (1); Asa-Porzellan (3); CottonBird (1); Kilner (1); Made Good (2)

VORSCHAU

Die nächste Ausgabe von **monsieur cuisine by mein ZauberTopf** erscheint am **8. Juli 2022**

SOMMER AUF VORRAT

Der Monsieur ist Experte, wenn's ums Einmachen geht. Diesen Sommer kochen wir spritzige Zitronenmarmelade, Johannisbeerlikör und seidiges Fruchtmus. Natürlich kommt auch das Gemüse der Saison nicht zu kurz: Wir stellen Pastasoße und Tomatenmark selbst her, mixen Küchenkräuterpesto und produzieren Gemüsesaft mit dem Dampfgaraufsatz.

SCHÖNE FERIEN!

Damit ihr in den Ferien richtig entspannen könnt, findet ihr in der nächsten Ausgabe viele unkomplizierte Rezepte, die sich ganz mühelos zubereiten lassen. Mit dabei: bunte Sommersalate, All-in-one-Ideen mit Tomaten, erfrischende Shakes und Smoothies, 15-Minuten-Gerichte und Glücklichmacher wie Schmandkuchen ohne Backen. Der Sommer kann kommen!

ZEIT FÜR EIS AUS DEM ZAUBERTOPF

Wer einen Monsieur Cuisine in der Küche hat, braucht keine Eismaschine – das erlebt ihr in der nächsten Masterclass! Los geht's mit sahnigem Frozen Yogurt und umwerfendem „Solero"-Softeis. Wir servieren zudem veganes „Raffaello"-Eis, eleganten Wild-Berry-Slush und den besten Eiskaffee aller Zeiten. Zum Sommertrend machen wir dieses Jahr unsere sekundenschnelle Bananen-Schoko-Nicecream … und es wird noch so viel besser!

AUF NACH ITALIEN!

Die Wärme hierzulande macht Lust auf eine kühle Brise am Mittelmeer. Daher mixen wir uns genüsslich nach Bella Italia mit mediterranem Spaghettisalat, Zucchini-Tomaten-Risotto mit paniertem Fisch, duftendem Ofenmozzarella und knuspriger Pizza bianca. Für das authentische Flair sorgen gutes Olivenöl, Parmesan und Amore!

DAS MIXMESSER – WAS IHR WISSEN MÜSST

Es ist das Herzstück eures Monsieur: das Mixmesser. Erfahrt in unserem großen Messer-Test alles, was wirklich wichtig ist. Wie könnt ihr es mit einem einfachen Trick leicht einsetzen und herauslösen? Wie wird es clever gereinigt und wie schützt ihr es vor Rost? Wir verraten, was auf gar keinen Fall schiefgehen sollte, wie das wertvolle Zubehör schön scharf bleibt und wie ihr es dauerhaft gut pflegt.

Fotos: www.stockfood.com/Profimedia (2), PhotoCuisine (1); Archiv (2) | Illustrationen: iStock / Getty Images Plus / Dinkoobraz (1) | Die angekündigten Themen sowie die Rezeptauswahl können sich kurzfristig ändern.